Anna Mancini

La signification des rêves

Buenos Books International
www.buenosbooks.fr

Buenos Books International, 2007
ISBN: 978-2-36670-013-8

2de édition révisée de :
L'intelligence des rêves publié en 2003

Dépôt légal: Paris, 2ème trimestre 2007

Le livre électronique est disponible sur notre site http://www.buenosbooks.fr sur Amazon.com et chez la plupart des librairies en ligne spécialisés dans la vente de livres électroniques.

TABLE DES MATIERES

INTRODUCTION

Sur terre, toute vie est impossible sans un mélange de matière et d'énergie, c'est-à-dire sans un corps et son intangible force vitale. Pourtant, l'Histoire montre que les sociétés humaines ont toujours marqué une préférence exclusive soit pour la matière, soit pour l'intangible. De ce fait, continuent de coexister des sociétés dites "primitives" qui ont privilégié la dimension immatérielle de l'existence et ont exploré les facultés de l'esprit qui lui correspondent et des sociétés dites "évoluées" qui ont privilégié la matière et développé les facultés du cerveau nécessaires à cet effet. L'étude du rêve, phénomène universel, n'a pas échappé à ce clivage. De ce fait, aujourd'hui encore nous n'avons pas vraiment compris ce qu'est le rêve, à quoi il sert, et quel parti nous pouvons en tirer pour mieux vivre notre vie et pour mieux comprendre l'esprit humain. Le rêve est au coeur d'un processus où le monde matériel et le monde immatériel sont inextricablement mêlés. En effet, le rêve est un phénomène intangible qui se produit dans un corps (tangible) qui est plongé dans un environnement à la fois concret (le monde matériel) et informationnel. La recherche systématique des connexions entre le rêve et la réalité matérielle et immatérielle des rêveurs ouvre de nouveaux horizons. Ce livre vous invite à découvrir les résultats obtenus grâce à une approche plus globale du processus onirique. Il vous donne aussi des conseils pour effectuer votre recherche personnelle. En le lisant, vous prendrez conscience du rôle joué par le corps humain à la jonction du rêve et de la réalité (chapitre 1). Il vous explique une méthode efficace d'observation de votre processus onirique (chapitre 2) et vous montre les résultats que vous pouvez en attendre (chapitre 3) en faisant votre propre expérience. Celle-ci vous permettra de vérifier par vous-mêmes la réalité de certains phénomènes considérés comme "paranormaux" et de les expliquer de manière rationnelle. Le chapitre 4 vous explique comment tirer parti des connexions entre le rêve et la réalité pour obtenir des réponses aux questions que vous vous posez, que ce soit dans le domaine de la vie quotidienne (santé, travail, relations avec les autres, orientation dans la vie), de la créativité, de la recherche scientifique ou du développement personnel. Le dernier chapitre (chapitre 5) explique pourquoi les facultés considérées aujourd'hui comme para-normales sont appelées à se développer de façon naturelle dans l'ensemble de l'humanité.

Ce livre invite les lecteurs à faire leur propre expérience avec un esprit aussi neuf que possible, c'est-à-dire libre toutes croyances et préjugés. Tout ce que j'ai écrit dans ce livre peut se vérifier par l'expérience personnelle en suivant la méthode dont je vous fais part. Cette méthode permet à tous, même aux personnes les plus sceptiques, de vérifier la réalité de facultés inhabituelles du cerveau, d'apprendre à mieux s'en servir et de s'ouvrir à une nouvelle philosophie de l'esprit et de la vie.

CHAPITRE 1: Le corps humain à la jonction du rêve et de la réalité

1. Un savoir ancien et méconnu sur l'être humain

Les anciens systèmes juridiques constituent l'une des sources spirituelles (au sens non religieux) les plus authentiques et les moins exploitées. Dans les civilisations anciennes, la séparation moderne entre l'économie, le droit, les sciences et la "religion" n'existait pas. Tous ces domaines étaient intégrés dans une connaissance unifiée. C'est la raison pour laquelle les anciens systèmes juridiques ne contiennent pas seulement des connaissances juridiques, mais aussi des connaissances sur la nature et sur le fonctionnement du corps humain. Alors que nous avons tendance à limiter notre horizon au monde matériel, les "primitifs" qui ont inventé les systèmes juridiques archaïques s'intéressaient au monde matériel, au monde immatériel et à tout ce qui permet de les relier. Leur approche était beaucoup plus globale que la nôtre. Elle faisait apparaître le corps humain comme un lien fondamental entre le monde tangible et le monde intangible. En raison d'une approche plus complète de la vie, ils connaissaient mieux que nous le fonctionnement psychique de l'être humain. Les anciens Romains, par exemple, avaient tiré parti de cette connaissance du psychisme dans la sphère juridique. Si l'ancien droit romain est aujourd'hui encore partie intégrante du monde moderne, il le doit à cette philosophie de ses origines qui constitue aujourd'hui encore sa principale force d'attraction. C'est grâce à l'étude de cet ancien système juridique, qui est toujours enseigné en histoire du droit et qui a contribué à la formation de notre système juridique moderne, que j'ai eu l'idée d'élargir le champ de l'observation du processus onirique. La sagesse de cette ancienne civilisation qui transparaît à travers ses créations juridiques m'a fait prendre conscience que pour mieux comprendre le processus onirique il faut l'appréhender à la fois d'un point de vue matériel et immatériel et considérer le rêve comme un phénomène invisible se produisant dans un corps matériel. En observant les relations entre le visible et l'invisible à travers les rêves, il est possible de mieux comprendre le rôle essentiel joué par le corps humain dans le processus onirique et de tirer un meilleur parti des rêves.[i]

2. Le corps humain: un pont entre le tangible et l'intangible

Les anciens Romains avaient compris que le monde visible et le monde invisible s'interpénètrent, tout particulièrement au sein des personnes.[ii] Ils en avaient déduit que nous pouvons agir directement sur des choses matérielles (y compris sur le corps des personnes), tandis qu'il est impossible d'agir sur des choses immatérielles (par exemple une promesse, une idée etc...). Pour pouvoir agir sur des choses immatérielles, il faut nécessairement passer par l'intermédiaire d'une chose matérielle, qui dans ce cas est le corps humain. D'où sans entrer dans les détails, l'existence dans la procédure juridique de l'ancienne Rome de l'*actio in rem* (procédure rituelle qui a pour but demander au pontife ("prêtre-juge") d'agir sur des choses, par exemple quand on veut récupérer un bien matériel qui a été volé) et de l'*actio in personam* (procédure rituelle qui a pour but de demander au pontife d'agir sur le corps des personnes afin d'agir à travers elles sur le monde immatériel. Par exemple, dans le cas d'une promesse le juge n'a aucun moyen d'action physique directe sur l'invisible promesse, mais il peut demander à la personne qui a promis, de tenir sa promesse sous peine de punition matérielle ou physique). Dans les développements qui vont suivre, je fais application de cette ancienne loi procédurale romaine à l'étude du processus onirique. Comme vous le constaterez, cela permet d'élargir considérablement le champ usuel d'exploration du processus onirique. Cela conduit à des résultats que le cadre beaucoup trop étroit dans lequel est traditionnellement cantonnée l'étude des rêves ne permettra jamais d'obtenir.[iii] Je vais à présent expliquer, en tirant parti de cette distinction procédurale de l'ancien droit romain, le rôle fondamental, joué par le corps humain dans le processus onirique.

3. Le corps humain: récepteur et émetteur d'informations

Pour comprendre le phénomène onirique, il faut aller au delà du rêve qui n'est qu'une partie d'un processus beaucoup plus ample. Il ne faut pas isoler le rêve de l'environnement matériel et immatériel dans lequel il se produit. En opérant de la sorte, nous pourrons observer le rôle joué par le corps humain à la jonction du rêve et de la réalité, ce qui permettra de répondre à de nombreuses questions à propos des rêves et de bien d'autres domaines. Commençons donc par observer l'environnement naturel dans lequel se produisent les rêves. Lorsque nous observons la vie terrestre, nous pouvons noter l'existence de deux ordres de réalité: ce que nous appellerons "un monde matériel" ou "monde tangible" et un "monde immatériel" ou "monde intangible". Le monde matériel se compose de tout ce que nous pouvons toucher, voir, bouger, par exemple une fleur, une pierre, une barque et aussi le corps humain. Le monde intangible comprend des choses intangibles que nous ne pouvons ni voir, ni toucher. Il s'agit de "choses immatérielles" comme les idées, les sentiments, les émotions, les parfums et aussi l'esprit humain. Nous pouvons représenter ainsi qu'il suit d'une manière schématique ces premières observations sur le monde dans lequel se produit le rêve (schéma n° 1):

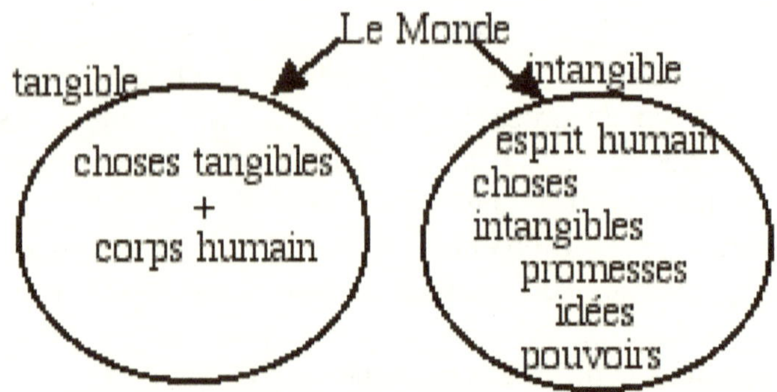

Il vous suffit d'observer un peu plus en profondeur pour vous apercevoir que ce schéma est incorrect. En effet, il présente deux mondes séparés alors que dans la réalité le monde matériel et le monde immatériel sont imbriqués. L'interpénétration de ces deux dimensions a lieu tout particulièrement dans l'être humain. Lorsque Sören KIERKEGAARD écrivait: "L'homme est une synthèse d'infini et de fini",[iv] c'est cette réalité qu'il voulait traduire. La représentation schématique suivante de l'environnement dans lequel se produit le rêve est plus exacte (schéma n° 2):

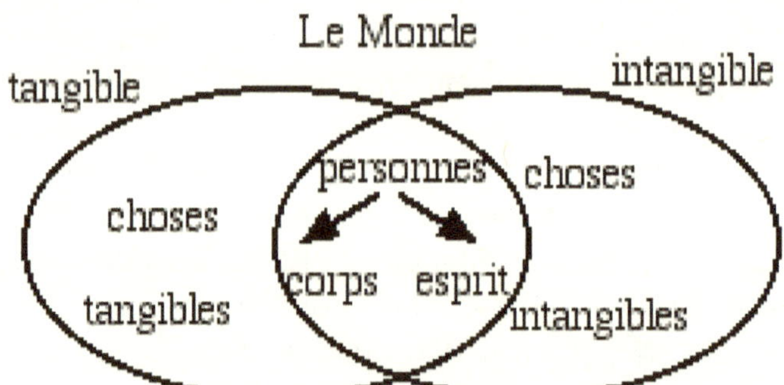

A travers ce schéma, nous pouvons observer qu'avec son corps l'être humain appartient au monde matériel, tandis qu'avec son esprit, ses idées, ses sentiments, ses rêves ou encore ses odeurs il appartient au monde intangible. En d'autres termes, les personnes sont comme un pont jeté de toute éternité entre le visible et l'invisible. Cet aspect de la vie humaine n'avait pas manqué d'échapper au sens de l'observation des sociétés que nous considérons comme primitives et qui en avaient tiré de nombreuses conséquences quant à leur philosophie de la vie. Au contraire, notre civilisation s'intéressant beaucoup plus au monde matériel fait montre d'une grande ignorance et d'un grand mépris relativement à certains aspects du monde intangible. De ce fait, nous ne connaissons presque rien des lois de fonctionnement du monde intangible et nous ignorons une loi fondamentale sur le fonctionnement du monde intangible, utilisée dans la sphère juridique par les anciens Romains, à savoir:

Pour agir sur le monde intangible, nous avons toujours besoin d'un instrument tangible et le corps humain est un excellent instrument pour atteindre l'intangible. Par son corps, toute personne est un intermédiaire naturel entre le monde matériel et le monde immatériel. En d'autres termes, il n'est pas possible d'atteindre directement le monde intangible. Nous ne pouvons le faire qu'à travers la matière, par exemple à travers notre corps.

Les anciens Romains savaient qu'il est impossible d'agir sur l'intangible sans passer à travers une chose matérielle. De manière concrète cela se traduit dans leur système juridique par le fait que pour agir sur une chose invisible telle qu'une promesse, il n'existe pas de procédure d'action directe sur les promesses, mais une procédure d'action sur les personnes (*actio in personam*) afin d'agir à travers elles sur la promesse pour que celle-ci soit accomplie. En effet, la seule façon d'agir sur une promesse c'est d'agir sur les personnes afin qu'elles tiennent leurs promesses. De même, il est impossible d'agir directement sur les idées, elles-aussi intangibles. Pourtant, cela ne nous empêche pas de les transmettre par la parole, le papier ou les ordinateurs.

D'une manière générale, nous dénions toute réalité (existence) à toutes les choses intangibles (et aussi à certaines choses tangibles) que nous sommes incapables de percevoir. Si nous étions, par exemple, incapables de percevoir les odeurs celles-ci n'existeraient pas pour nous. Chaque personne vit dans sa propre et unique réalité faite du monde qu'elle perçoit et du monde qu'elle accepte. La réalité acceptée par le monde moderne occidental est très différente de la réalité acceptée par des tribus dites primitives. Pour admettre l'existence de choses que nous ne percevons pas, par exemple l'existence d'un pays lointain, nous devons croire ce que les autres nous racontent à ce sujet. De ce fait, il existe des choses que nous ne percevons pas, mais dont néanmoins nous admettons l'existence réelle. Nous les avons acceptées dans notre propre réalité. Parfois, il peut être très difficile d'expliquer à une personne une chose que nous connaissons bien, mais qui n'existe pas dans son monde. **Nous utilisons alors tout ce qui dans le monde de cette personne peut servir à décrire cette autre réalité.** Parfois, c'est tellement difficile que la personne pense que ce que nous lui racontons n'a aucun sens et que partant de là n'a aucun intérêt. C'est généralement ce qui arrive avec la plupart des rêves. Chaque nuit, les rêves nous transmettent des informations que l'esprit conscient accaparé par son "monde réel" ne perçoit pas ou n'accepte pas, mais qui cependant existent et sont captées en permanence par notre corps dans notre environnement immédiat ou lointain. Les rêves permettent d'accéder à une source importante d'informations que l'esprit conscient, dans l'état actuel de développement de notre cerveau n'est pas capable de percevoir. **Le réel potentiel perceptif de l'être humain est ainsi dévoilé par une approche plus globale du processus onirique. Dans**

cette approche, le rêve apparaît comme étant le résultat d'un processus plus global d'échange. Le rêve résulte en fait d'une sorte de "respiration" continue entre le monde intérieur et le monde extérieur des personnes. Lorsque nous respirons, nous recevons de l'air, le transformons et le rejetons. De cette manière, nous sommes en échange constant avec le monde aérien intangible à travers nos poumons et aussi à travers toute la surface de notre peau. Cet air contient beaucoup de choses et a de multiples propriétés. Il peut par exemple être chaud et notre peau nous transmet l'information "il fait chaud", ceci pour la réception. En ce qui concerne les facultés d'émission, notre corps émet dans l'air sa propre chaleur, ses odeurs, ses hormones, son énergie, ses émotions, ses ondes électro-magnétiques. C'est aussi à travers le corps que sont émises les pensées. Il nous est possible de représenter schématiquement de la manière suivante un être humain entouré de tout ce qu'il émet dans l'atmosphère et qui comprend son champ énergétique (schéma n° 3):

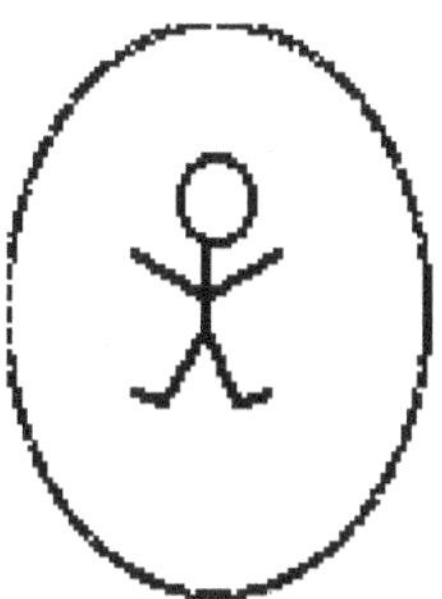

De nombreuses traditions spirituelles ont reconnu depuis longtemps l'existence de ce champ informationnel qu'elles ont appelé "aura".[V] Quant aux courants d'énergie internes, appelé méridiens d'énergie, ils sont connus en chine depuis des millénaires et l'acupuncture chinoise a pour but de rétablir une bonne circulation énergétique dans le corps.[vi] Le monde occidental commence à s'ouvrir à l'énergétique humaine. Depuis 1875, nous savons que le cerveau contient des courants électriques. Depuis 1929, l'invention de l'électro-encéphalographe, a permis de mieux observer les émissions électriques du cerveau. Les électro-encéphalographes amplifient les signaux électriques captés par des électrodes placées sur le crâne des sujets qui se sont prêtés à ces expériences.[vii] Par ailleurs, Semyon KIRLIAN, un chercheur russe a réussi à mettre au point en 1939 un appareil qui permet de photographier les champs d'énergie des êtres humains et des plantes.[viii] D'autres chercheurs avaient entrepris ce même genre de travaux avant lui. Aujourd'hui, la recherche dans ce domaine continue et le matériel nécessaire pour photographier ces champs d'énergie est désormais commercialisé.[ix] Le procédé KIRLIAN a été utilisé pour l'aide au diagnostic médical et aussi en agriculture pour la sélection des plantes.

Il est donc bien clair d'un point de vue spirituel, mais aussi scientifique que nos corps sont entourés d'émanations invisibles. Certaines de ces émanations, par exemple l'électricité émise par le cerveau ont pu être scientifiquement observées et mesurées. Pour notre propos, nous n'appellerons pas ces émanations "aura" parce que ce terme renvoie à des traditions religieuses et que cet ouvrage est axé sur l'observation de la réalité. Nous adopterons donc le terme plus neutre de "sphère informationnelle". Bien que nous ne soyons pas capables de percevoir consciemment cette *sphère informationnelle*, nous la percevons comme étant l'ambiance d'une personne, l'atmosphère qui émane d'elle, surtout au premier contact.[x] Cette sphère informationnelle contient aussi une multitude d'informations qui proviennent de l'environnement dans lequel le corps est plongé. Ces informations émanent, par exemple, d'autres personnes, de plantes, d'animaux, du Soleil ou de la Terre. C'est toujours à travers le corps que vous agissez dans le monde intangible en tant qu'émetteurs et en tant que récepteurs d'informations. Par exemple lorsque vous parlez, vous émettez une information sonore avec votre langue et vous recevez les informations sonores de l'environnement avec vos oreilles (principalement). Dans le cas du son, cette information est claire pour votre esprit conscient qui la reconnaît et de ce fait vous acceptez la réalité du phénomène sonore, pourtant invisible. Il en va de même pour les odeurs dont nous admettons l'existence bien que nous ne puissions les toucher. Nous émettons tous dans notre environnement une variété d'informations telles que: émotions, sentiments, odeurs, bruits, pensées.[xi] Il existe une respiration continue entre les informations reçues à travers le corps et les informations émises à travers le corps. Nous échangeons en permanence des informations à divers niveaux[xii] . Bien que notre corps soit capable de capter une très grande quantité d'informations, notre esprit conscient opère une sélection drastique des informations reçues.[xiii] Ce qui nous prive d'une immense richesse informationnelle. Ce rôle de valve de réduction du cerveau a déjà été décelé dans le domaine de l'hypnose et aussi par des scientifiques qui effectuent des recherches sur le fonctionnement du cerveau.[xiv] Nous pensons que cette sélection drastique résulte du fait que nous n'avons pas développé la capacité consciente d'accéder à plus d'informations sur notre environnement. Nous nous limitons à un environnement informationnel appauvri par le fait que dans l'état actuel de notre développement, nous n'utilisons qu'une faible proportion des potentialités de notre cerveau. L'observation simple des rêves démontre, parfois très clairement, que les rêves sont directement en prise avec notre vie éveillée. Par exemple, les personnages d'un film peuvent apparaître dans les rêves mélangés avec d'autres éléments. Les préoccupations de la journée et les problèmes à régler apparaissent aussi dans les rêves. L'être humain ne peut survivre sans échange avec son environnement tangible et intangible. **Le rêve, comme la majorité des processus physiques et psychiques, consiste essentiellement en une émission/réception d'informations. Les rêves sont des informations émises par le rêveur à travers son corps, et ils sont en relation avec des informations captées par le rêveur à travers son corps.** Certaines informations que les rêves transmettent à l'esprit conscient sont claires, et de tels rêves n'ont pas besoin d'être interprétés. Cependant, pour les personnes qui ne prêtent pas attention à leurs rêves, la plupart des informations que les rêves transmettent leur apparaissent dénuées de sens, quelquefois farfelues ou grotesques et parfois inquiétantes. Dans le monde occidental, les rêves sont souvent rejetés parce que nous ne parvenons pas à les comprendre et que nous les croyons inutiles. Pourtant, totalement privé de rêve, l'être humain est voué à la mort. Cette fonction que nous croyons inutile est indispensable à la vie. Cela devrait nous faire réfléchir. Notre attitude vis-à-vis du monde onirique constitue l'une des erreurs fondamentales de notre civilisation qui ne sait pas tirer parti du processus onirique pour accélérer son développement dans tous les domaines. Nous nous contentons généralement d'un accès très limité à notre environnement informationnel, pourtant très riche. A travers une approche plus globale du processus onirique, il est possible de comprendre le langage onirique de manière effective. Ceci permet d'accéder à une plus grande quantité d'informations et de dépasser ainsi les limites imposées par notre esprit conscient.[xv] Il y a plus de 13 ans, j'ai décidé d'explorer le processus onirique en faisant le *troisième choix.* Ce choix consiste à observer à la fois le monde tangible et le monde intangible et leurs interactions, au lieu d'opter seulement pour un monde ou pour l'autre. Vous pouvez faire la même expérience. Le monde matériel et le monde immatériel sont tout spécialement imbriqués dans l'être humain, et les rêves sont un phénomène privilégié pour comprendre à la fois le fonctionnement du monde matériel, du monde immatériel et leur synergie. Si vous observez votre processus onirique en recherchant systématiquement les relations qui existent entre vos rêves et votre réalité, vous pourrez tirer un meilleur parti de votre vie. Vous verrez que cette façon d'observer le processus onirique est très fructueuse. En l'appliquant, j'ai appris beaucoup et je peux à présent entrevoir un potentiel de développement humain qui autrefois m'aurait paru tout à fait invraisemblable. Bien évidemment, je ne vous demande pas de me croire, mais au contraire de faire votre propre expérience et de voir par vous-même en utilisant la méthode d'observation que j'ai mise au point.

A travers l'observation simultanée de mes rêves et de ma réalité, j'ai compris que les rêves agissent comme un pont entre l'esprit conscient (que j'appellerai désormais "*petite conscience*") et une conscience beaucoup plus vaste (que j'appellerai désormais "*grande conscience*"). La *grande conscience* dispose d'une quantité beaucoup plus grande d'informations que la *petite conscience*. Elle contient notamment toutes les informations que le corps capte dans le corps lui-même et dans son environnement immédiat ou plus éloigné, mais qui n'affleurent pas à l'esprit conscient. Car nous ne sommes pas encore suffisamment développés pour cela. Voici une représentation schématique de la situation de personnes qui rêvent peu et qui ne prêtent aucune attention à leurs rêves. Ces personnes ne tirent qu'un très maigre parti des informations captées par le corps, reçues par la *grande conscience* et partiellement transférées à la *petite conscience* à travers les rêves (schéma n° 4):

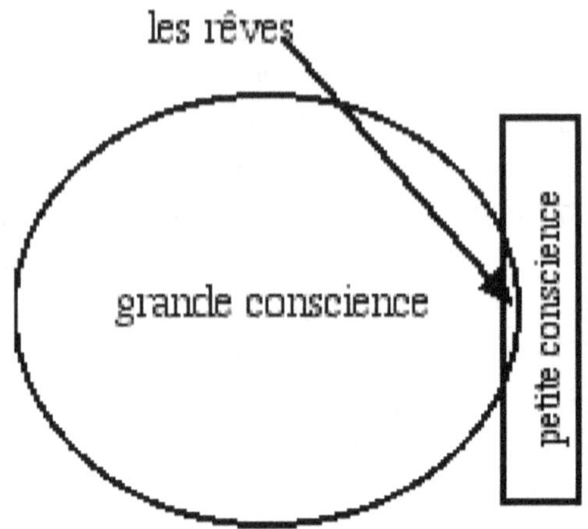

Travailler sur les rêves, en s'attachant à comprendre leur connexion avec la réalité dans laquelle ils se produisent permet de profiter d'un surcroît d'informations. Les personnes ainsi développées, commencent à sortir des étroites limites de leur *petite conscience* et à tirer un meilleur parti de leur environnement informationnel. En d'autres termes, la *petite conscience* s'élargit, tandis qu'avec la compréhension des rêves il est devenu possible de tirer un meilleur parti des informations captées par le corps, non reconnues par la *petite conscience*, mais reçues par la *grande conscience*. Ceci peut être schématisé ainsi qu'il suit (schéma n° 5):

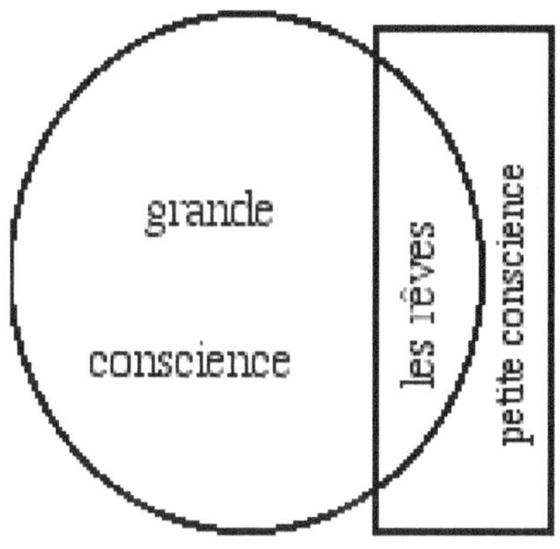

Le travail d'observation sur les connexions entre le rêve et la réalité permet, aux personnes qui le désirent, de se préparer naturellement, sans danger, et à leur propre rythme à un stade de développement beaucoup plus intéressant que ceux précédemment décrits. Lorsque des personnes atteignent ce stade de développement, elles accèdent directement à l'état de veille aux informations reçues par la *grande conscience.* Elles peuvent le faire naturellement, sans utiliser de techniques spéciales. Nous pouvons schématiquement représenter ainsi de telles personnes (schéma n° 6):

Les personnes parvenues à ce stade ont développé ce que

nous considérons comme des facultés extraordinaires, magiques ou encore “para-normales”, mais qui en réalité sont toutes des potentialités qui seront très banales lorsque l’humanité future dans son ensemble sera plus ouverte à ces facultés. Des civilisations aujourd'hui disparues les avaient déjà développées bien avant nous et des traces, plus ou moins déformées, de cet état de développement peuvent être décelées à travers les religions, les sciences occultes, les anciens systèmes juridiques et les croyances populaires. Le moyen le plus simple de vérifier vous-même l’existence de ces possibilités c’est d’effectuer un travail d’observation de vos rêves et de votre réalité. Dans le titre qui suit, je vais vous donner toutes les informations nécessaires pour que vous puissiez vérifier par vous-même, à travers votre propre expérience, la réalité de phénomènes comme la capacité de “voir à distance”, de communiquer de manière télépathique ou encore de prédire le futur. Toutes ces facultés latentes à l’état de veille sont, comme l’a aussi observé Robert MOSS,[xvi] très actives pendant l’état de rêve. Il ne vous reste qu’à vous développer pour en bénéficier aussi, directement dans l’état de veille.

CHAPITRE 2: Méthode d'observation des connexions entre les rêves et la réalité

Dans ce chapitre, je vais vous expliquer comment observer efficacement votre processus onirique afin d'obtenir, vous aussi, les résultats dont je vous parlerai ensuite et aussi bien d'autres résultats que vous découvrirez par vous-même.

1. Comment observer votre processus onirique

Le meilleur moyen d'observer ce qu'est le rêve n'est pas de se focaliser uniquement sur le rêve, mais au contraire d'observer simultanément le rêve et la réalité en prenant des notes et en faisant aussi quelques expériences simples dans la vie réelle pour en observer les retombées sur le processus onirique. La réalité influence nos rêves[xvii] et vous découvrirez très vite par vous-même à quel point les rêves modèlent notre réalité, même si nous les avons oubliés. Un échange permanent d'informations s'opère entre nous et le monde qui nous entoure. Nous sommes conscients de certains de ces échanges, mais inconscients de la majeure partie d'entre eux. De nombreuses informations sur le monde immatériel qui nous entoure sont captées par notre corps sans affleurer à l'esprit conscient. Elles sont pourtant stockées dans la *grande conscience* et l'un des moyens d'accès à ces informations est le rêve, à condition d'être capable de décrypter votre propre langage onirique. Certains rêves paraissent, à première vue, dénués de liens avec la réalité et sans importance. Tenir un journal de rêves et de réalité fait peu à peu apparaître les connexions qui existent entre le contenu de nos rêves et notre environnement informationnel. Reconnaître ces liens entre le rêve et la réalité permet une interprétation précise de la majorité des rêves. Comme chaque personne a son propre langage onirique, un travail personnel de décodage s'impose pour pouvoir tirer parti du processus onirique. Il ne faut pas compter pour cela sur les diverses “clefs des songes” anciennes ou modernes qui prétendent apporter une solution “clef en main” à la traduction de votre propre langue onirique. Il vaut mieux écarter ces ouvrages, qui la plupart du temps induisent en erreur et sont chargés d’une quantité de peurs et de superstitions transmises de génération en génération. Il est regrettable que ces “clefs des songes” constituant la documentation la plus abondante et la plus accessible sur les rêves aient contribué à jeter le discrédit sur les messages oniriques et à obscurcir l’accès à la compréhension du processus onirique. Chaque personne a son propre code onirique, même si elle peut partager à sa façon et avec ses propres nuances certains grands symboles communs à des groupes de personnes ou à l’humanité entière. Par exemple, pour de nombreux rêveurs, le symbole “maison” représente le corps humain, la “gauche” représente le pôle féminin de la psyché et la “droite” son pôle masculin. Ce qui se présente à l’avant a un rapport avec le futur pour de nombreux rêveurs et ce qui est à l’arrière a un rapport avec le passé. Les routes, autoroutes, chemins de campagne ou de montagne sont autant de représentations de la destinée et apparaissent à des moments où les rêveurs doivent prendre des décisions importantes pour la suite de leur existence. Au début du travail d’observation, il est possible de s’aider utilement avec des dictionnaires de symboles. Ces ouvrages ne sont pas consacrés aux rêves, ils expliquent ce que certains symboles signifient pour diverses populations et à diverses époques de l’histoire humaine.[xviii] S’intéresser à la signification des symboles constitue un excellent exercice “d’assouplissement mental”. Et c’est essentiellement de souplesse mentale dont nous avons besoin pour comprendre cette réalité non accessible à notre esprit conscient et dont les rêves nous informent. Le meilleur moyen que j'ai trouvé pour découvrir la signification de mes rêves et accéder à plus d'informations sur mon environnement c'est la tenue d'un carnet dans lequel je note mes rêves, les grandes lignes de la réalité et les expériences que j'ai faites. Par exemple à titre d'expérience vous pouvez dormir dans des lieux particuliers, faire une diète, manger trop, voir beaucoup de monde, vous isoler quelques jours sans télévision, radio ou téléphone[xix] et continuer à noter vos rêves pour observer les effets de ces expériences sur votre processus onirique. Avec le temps, j'ai appris ce qu'il était important de noter à propos des rêves et de la réalité, et mon expérience pourra vous faire gagner du temps. Ceci étant, chaque personne peut selon les objectifs qu'elle désire atteindre adapter à son propre cas les conseils qui suivent.

2. Comment noter vos rêves

Le souvenir des rêves est beaucoup plus facile juste au réveil, c'est donc le meilleur moment pour les noter. Certains auteurs vont jusqu'à recommander d'avoir près de soi de quoi noter les rêves pendant la nuit. Vous pouvez le faire, mais c'est assez stressant de prêter tant d'attention aux rêves. Si vous voulez faire un travail de longue haleine, alors faites-le de manière détendue, en dormant normalement. Avec la pratique, la mémoire des rêves s'amplifie et l'un des meilleurs moyens d'améliorer la mémoire en général, c'est de lui faire confiance. Si vous pensez être incapable de garder le souvenir de vos rêves, ne vous découragez pas. Tout le monde rêve et il est très facile de réactiver votre potentiel de mémoire onirique. Reportez-vous aux réponses aux questions sur ce sujet à la fin de ce livre.[xx] L'attitude fondamentale à adopter au début c'est de ne pas chercher à tout comprendre d'emblée. Il faut simplement tout noter et surtout éviter de se lancer dans des analyses compliquées des messages des rêves. Avec le temps vous serez capables de comprendre de manière précise vos propres symboles oniriques. Vous vous apercevrez aussi que certains rêves sont très clairs et n'ont pas besoin d'interprétation de type psychanalytique ou autre. Une autre attitude nécessaire à adopter consiste à avoir le courage de tout noter. Il faut faire preuve dans le travail sur les rêves d'une grande tolérance et de neutralité. Il convient de noter tout ce qui nous reste en mémoire concernant le rêve et surtout il faut noter tout ce qui nous dérange, nous incommode, nous fait peur, nous fait honte ou encore choque notre pudeur. **Tous les rêves doivent être notés sans sélectionner ceux qui nous paraissent importants.** Par exemple un rêve très court et très simple tel que: "J'ai rêvé qu'on soldait des chaussures de luxe chez le boulanger" contient des informations très utiles. N'ayez pas peur de noter les rêves ayant pour thème la mort. Vous verrez que la plupart du temps ils annoncent un grand changement ou vous montrent quelle partie de votre personnalité apparaissant sous la forme d'autres personnes que vous-même, a besoin de revivre. Quant à notre propre mort, pourquoi craindre les rêves qui l'annoncent réellement? Ne vaut-il pas mieux au contraire y prêter une grande attention, d'autant plus qu'ils constituent parfois des avertissements qui peuvent nous sauver la vie? Les livres sur les rêves citent de nombreux cas de rêves qui annoncent la mort. Tous ces exemples démontrent que les rêves nous préparent toujours à cet événement.[xxi] Ils sont un moyen de partir l'esprit en paix quand le moment est arrivé. Ils nous évitent aussi de nous tracasser inutilement le reste du temps. Et ceci est très utile notamment aux personnes qui sont tellement effrayées lorsqu'elles doivent par exemple, prendre l'avion. En observant vos rêves et votre réalité, vous pourrez vous rassurer, car vous constaterez que puisque vos rêves préparent des événements futurs et restent très connectés à vos préoccupations actuelles, votre vie va continuer. Lorsque la mort approche, nos rêves nous le font savoir soit pour nous préparer au passage, soit pour nous prévenir d'un danger mortel que nous pouvons éviter.[xxii] Après avoir évoqué le grave sujet de la mort parlons donc de la vie. Dans le monde onirique, donner naissance ou être enceint(e) n'est plus le privilège des femmes, cela arrive aussi aux hommes et se rapporte à des créations. Quant aux rêves ayant un contenu sexuel, ils peuvent très bien transmettre un message non sexuel et il ne faut pas hésiter à les noter dans les détails. Par exemple rêver d'un rapport sexuel interrompu brusquement peut ne pas signifier que cela arrivera dans la réalité, mais représente une rupture brusque, inattendue et désagréable avec une personne de votre entourage. Quant aux bananes, portes, escaliers, oiseaux et autres symboles perçus par Freud comme étant des symboles sexuels, il convient de se mettre à jour. Les moeurs sont beaucoup plus libres qu'à l'époque de Freud et les rêves et la réalité ont en conséquence beaucoup changé. D'une manière générale, nous devons noter les rêves tels qu'ils se présentent, décrire les personnages et le décor d'une manière aussi détaillée et précise que possible. Par exemple, si vous rêvez d'un chat, il faudra noter sa couleur, sa taille, sa position dans l'espace et par rapport à vous ou aux personnages du rêve (à gauche, à droite, derrière) et tout ce que vous percevez à propos de ce chat. Notez aussi l'aspect de son pelage et de ses yeux. Les yeux sont-ils identiques? Le chat est-il mâle ou femelle? L'expérience m'a appris que dans mon langage onirique les chats représentent les âmes des personnes qui m'entourent et aussi la mienne. Et qu'un chat avec un pelage abîmé correspond à une personne qui a très peu d'énergie et des problèmes de santé. Il est très important de noter tous vos sentiments, même s'ils paraissent être sans rapport avec le thème du rêve. Vous pouvez dans un rêve vous amuser beaucoup de quelque chose qui serait horrible dans la réalité et au contraire, vous pouvez éprouver une grande peine pour quelque chose qui dans la réalité serait drôle ou insignifiant. Il faut noter tous les sentiments qui vous traversent au cours d'un rêve: joie, colère, peine, amour, haine, peur, angoisse, paix, tristesse, etc... Il faut aussi noter les sensations physiques comme le froid, la chaleur, la paralysie, la légèreté, la rapidité, la lenteur. Si vous entendez de la musique décrivez-la, notez les paroles des chansons, des contes et des personnages. Dans les rêves il y a beaucoup plus d'êtres qui communiquent que dans notre réalité. En rêve, les pierres, les arbres, les plantes et les animaux de la maison sont capables de parler parfaitement notre langue et même des langues étrangères que parfois nous ne comprenons pas dans la réalité, mais que nous pouvons intuitivement comprendre dans le rêve. J'ai observé au cours de mes recherches que lorsque dans un rêve les mêmes paroles, phrases ou images se répètent plusieurs fois, ceci se réfère à d'importantes informations pour moi. Quelquefois, il m'arrive de rêver de mots étrangers dont je ne connais pas la signification et cela m'amuse beaucoup à mon réveil d'aller en rechercher le sens dans des dictionnaires. Il m'est arrivé lorsque je dormais à New York dans ma chambre près de China-town où le chinois est la langue dominante, de rêver en partie en chinois, alors que je ne pratique pas cette langue. Il y aurait dans ce registre beaucoup à découvrir pour mieux comprendre le phénomène d'apprentissage des langues. Pour revenir au travail sur les rêves, il est important de prendre note de votre position dans l'espace lorsque vous apparaissez dans un rêve. Êtes-vous au centre de la scène, à gauche, à droite, en face ou derrière quelqu'un, dans les airs ou sur le sol, ou encore sous la terre? Nous devons noter tout ce que nous pouvons observer: les vêtements et leurs couleurs par exemple sont une source appréciable d'informations utiles. Il faut aussi noter tout ce que nous pouvons sentir, par exemple un mal de dent, de pieds, de la légèreté dans les déplacements ou de la difficulté à se déplacer, parfois parce que nous sommes trop chargés. Il est important de noter tout ce que nous transportons avec le maximum de détails. S'il s'agit d'une valise, quelle est sa forme, sa couleur, son poids, est-elle facile à porter, a-t-elle des roulettes, des ailes? Vous plaît-elle? Il y a peut-être quelqu'un qui vous aide à la porter, ou bien avez-vous décidé de l'abandonner, car il n'y a rien d'important à l'intérieur? Avec quelle main portez-vous votre valise, la gauche? la droite? La poussez-vous devant vous ou la traînez-vous péniblement derrière vous? Ou bien vous suit-elle toute seule dans l'air ou comme un chien sans laisse? Une grande précision dans la description est utile surtout au début du travail d'observation. Si vous rêvez d'une maison, il ne faudra pas hésiter à noter tous les détails de cette maison, même si cela peut vous paraître long. Décrivez toutes les pièces que vous visitez et surtout les endroits très intéressants comme le grenier ou le sous-sol ou encore la cuisine. Mais tout est intéressant dans les maisons des rêves et surtout tout est très instructif. A travers mon expérience personnelle, j'ai pu noter que les maisons de mes rêves, quand elles ne sont pas des maisons réelles que je "visite" en état de rêve, me transmettent des informations précises sur ma santé bonne ou mauvaise. Et j'ai pu constater, comme d'autres l'avaient déjà fait dans l'Antiquité,[xxiii] que les désordres physiques apparaissent dans les rêves bien avant leur manifestation dans la réalité. D'où l'intérêt de connaître la signification des rêves pour prévenir des désordres physiques lorsqu'il en est encore temps. Grâce à mon observation des rêves, je sais que l'état des toilettes de mes rêves est en rapport avec l'état de mes intestins dans la réalité. Les fuites d'eau dans ma salle de bain correspondent à une baisse d'énergie et le désordre dans mon grenier à une période troublée dans le domaine des idées. Quant à la cave de mes rêves, elle correspond à mon hérédité tant physique que psychique. C'est un endroit que j'aime beaucoup fréquenter en rêve. J'y trouve une trappe et lorsque je l'ouvre des escaliers me mènent à des civilisations très anciennes. C'est très surprenant de voir tout ce que nous pouvons apprendre sur notre corps et sur notre psychisme à travers l'observation simultanée des rêves et de la réalité. Il est aussi possible de suivre les répercussions sur la santé physique de certains problèmes réels qui se répètent. Un autre aspect très important des rêves est la représentation de la nature. Elle apparaît dans beaucoup de rêves et fait partie des symboles que toute l'humanité partage avec quelques nuances. La nature apparaît à travers les étoiles, la Lune, le Soleil, la mer, la lumière, l'ombre, l'obscurité, le vent, le froid et la chaleur. Par expérience, je sais que si je vois en rêve qu'une personne que j'ai rencontrée ou que je vais rencontrer est entourée d'un bloc de glace, ceci signifie que cette personne est très égoïste, sans coeur. Dans de nombreux rêves, les personnes peuvent aussi prendre l'apparence de plantes et il est aussi très important de décrire les plantes qui se présentent dans nos rêves. Par exemple, il y a des plantes qui poussent très vite et qui envahissent tout l'espace disponible dans une pièce de votre maison. Certaines plantes ont de grandes racines, apparentes, car elles n'ont pas de terre. Il y a aussi des plantes fanées, des plantes fleuries ou des plantes qui portent des fruits. Certaines plantes vous réclament parfois de l'eau, ou de l'espace pour grandir, tandis que d'autres trouvent que vous les arrosez trop et que d'autres encore préféreraient de l'eau de source. Tout comme dans le monde réel, l'eau est un des éléments les plus importants du monde onirique. L'eau sous diverses formes est présente dans de nombreux rêves. Il est très utile de connaître la signification des différentes sortes d'eaux qui apparaissent dans vos rêves: le verre d'eau, la bouteille, le bain, la douche, la rivière, le lac, la mer, le puits, la pluie, la piscine, la flaque d'eau. L'observation simultanée de vos rêves et de votre réalité est très utile pour savoir à quoi correspondent dans la réalité les diverses eaux qui apparaissent dans vos rêves. Par exemple, en observant mes rêves et ma réalité, j'ai noté que lorsque quelqu'un m'offre un verre d'eau pure dans mes rêves ceci est lié à la rencontre de nouveaux amis dans la réalité, tandis que le message est très différent si l'eau du verre est sale ou trouble. La mer, par son immensité, représente les possibilités illimitées de ma *grande conscience*, tandis que la piscine se rapporte à ma *petite conscience* et aux limitations de la vie en société. Dans nos sociétés, où l'instabilité est le lot de nombreuses personnes aussi bien professionnellement qu'affectivement, les rêves de "routes" sont un des thèmes très importants et courants dans les rêves. La "route" des rêves peut être un chemin dans une belle nature verte ou dans un désert aride, une autoroute bondée, ou parfois une piste de ski. Nous pouvons hésiter à un carrefour ou tourner sans fin à un rond-point. Parfois, nous savons où nous allons, parfois c'est l'obscurité totale et heureusement quelqu'un qui passe par là vient nous éclairer avec sa lanterne. Les rêves de "route"[xxiv] nous donnent, pour peu que nous sachions leur prêter attention et les comprendre, des informations sur notre destinée. Mais les informations sur le chemin à suivre dans l'existence peuvent aussi être transmises par d'autres genres de rêves, à titre d'exemple voici le rêve de DESCARTES qui bien que très rationnel était inspiré par son monde onirique. Ce rêve a été fait à l'époque où il écrivait le "Discours de la méthode". Voici donc un extrait de ses songes du 10 novembre 1619 relatés par BAILLET.[xxv]

> *"Un moment après, il eut un troisième songe... il trouva un livre sur sa table,*

sans savoir qui l'y avait mis. Il l'ouvrit et voyant que c'était un Dictionnaire, il en fut ravi dans l'espérance qu'il pourrait lui être fort utile. Dans le même instant, il se rencontra un autre livre sous sa main, qui ne lui était pas moins nouveau, ne sachant d'où il lui était venu. Il trouva que c'était un recueil des Poésies de différents auteurs, intitulé Corpus Poëtarum etc. Il eut la curiosité d'y vouloir lire quelque chose: et à l'ouverture du livre, il tomba sur le vers Quod Vitae sectabor iter? (= quelle voie suivrai-je en la vie?). (la suite des songes lui donne quelques orientations, elle lui montre notamment un déséquilibre corporel)."

Il est important dans les rêves de chemin de tout décrire. Si vous conduisez une voiture par exemple, il faut noter si le volant est à droite ou à gauche, et qui conduit, de quelle façon, pendant le jour ou pendant la nuit, avec ou sans lumière, facilement ou non. La confrontation de ce genre de rêve avec les événements qui se produisent au cours de la vie réelle est une source d'informations de premier ordre pour se guider dans notre monde très changeant et tout spécialement dans la vie professionnelle et affective. Nous pouvons en tirer un excellent parti.

En résumé, il est essentiel de noter tout ce que nous pouvons à propos des rêves et de noter tous les rêves sans sélectionner ceux qui méritent ou non d'être notés. Au début, il vaut mieux observer simplement ce qui se passe sans chercher à interpréter d'emblée les rêves. **En effet, la "traduction" pourra être réalisée avec beaucoup plus de facilité après un certain temps dans la mesure où les mêmes symboles oniriques apparaissent de manière**

concomitante avec une même situation réelle.[xxvi] Au début de mes recherches j'avais fait, par exemple, l'erreur suivante: lorsque je rêvais que ma mère gagnait au loto je l'appelais pour savoir si mon rêve était "réel". Mais avec la répétition de ce genre de rêve en simultanéité avec un même événement dans la réalité, je me suis aperçue que lorsque je rêve que ma mère a gagné au loto cela signifie pour moi-même une rentrée d'argent inattendue. Au début, je faisais aussi une autre erreur importante: je m'inspirais des idées de JUNG ou de FREUD et d'autres spécialistes pour interpréter mes rêves. Avec le temps, j'ai pu me rendre compte qu'elles me conduisaient à des erreurs d'interprétation et que le sens de la plupart de mes rêves apparaissait beaucoup plus clairement et naturellement à travers l'observation simultanée de mes rêves et de ma réalité sur une période de temps assez longue. Avec l'expérience je parviens à présent à tirer un meilleur parti des méthodes psychanalytiques d'interprétation des rêves. J'ai recours à ces méthodes pour un petit nombre de mes rêves de type "psychologique" qu'avec l'expérience j'ai appris à reconnaître. Gale DELANEY[xxvii], une psychologue américaine spécialiste de l'interprétation des rêves propose une approche très ouverte de l'interprétation de type psychologique des rêves. Dans son ouvrage "*All About Dreams*", après une présentation des théories de ses prédécesseurs, elle propose sa "méthode de l'interview". L'auteur, en réaction à la façon trop autoritaire dont à son sens l'interprétation des rêves a été généralement pratiquée par ses prédécesseurs,[xxviii] laisse le rêveur jouer le rôle le plus déterminant pour interpréter ses propres rêves. Elle estime que le rôle essentiel du thérapeute est de poser les bonnes questions au cours de "l'interview" onirique. Nous avons tous des problèmes psychologiques à régler, cela fait partie de la vie. Les rêves nous donnent l'occasion d'en prendre conscience. Ils nous aident à nous libérer des blocages énergétiques qu'ils induisent et à nous sentir mieux. J'ai observé que les rêves psychologiques les plus importants apparaissent quand nous avons de l'énergie pour les affronter et que nous sommes disponibles pour cela. Ils apparaissent particulièrement lorsque nous nous retirons dans la solitude. Dans ce cas, il n'est même pas nécessaire qu'un événement extérieur vienne les activer. Il semble que l'énergie non projetée vers la vie extérieure soit utilisée pour intensifier la vie intérieure et provoquer des guérisons de problèmes psychologiques ou d'importantes prises de conscience. Moins vous aurez de conflits psychologiques, plus votre espace onirique sera disponible pour d'autres contenus. Maintenant que je connais bien mon terrain, je sais distinguer parmi mes rêves, ceux type psychologique, que les acquis psychanalytiques peuvent m'aider à comprendre. Tandis que tous les autres rêves s'expliquent beaucoup plus facilement à travers l'observation simultanée du rêve et de la réalité. S'il est vrai qu'il faut de la patience et du temps pour parvenir à ce résultat, cela en vaut la peine et le temps investi sera largement compensé par le temps que les rêves vous feront gagner par la suite dans la vie réelle et par les tracas qu'ils vous permettront d'éviter. Voyons à présent comment noter la réalité.

3. Comment prendre des notes sur votre vie éveillée

Pour noter la réalité, il n'est pas nécessaire d'être aussi précis que pour la notation de rêves. Il suffit de mentionner les grandes lignes des principaux événements du jour. Certaines observations sont importantes pour comprendre comment l'information est captée dans notre environnement. Il est, par exemple, important de noter les lieux où nous sommes allés, de noter les endroits où nous avons dormi, et surtout les personnes que nous avons rencontrées. Il suffit de résumer en ce qui concerne les personnes l'essentiel de la communication et les circonstances de la rencontre (travail, rendez-vous, rencontre fortuite). Il est aussi important de noter nos sentiments (joie, tristesse, neutralité...), nos sensations (bien-être, fatigue, nervosité, angoisse) et le lieu où nous avons rencontré les personnes. Les lieux sont des éléments très importants à consigner dans la mesure où chaque lieu est chargé d'informations intangibles que le corps capte.[xxix] Le corps capte aussi toutes les informations intangibles qui émanent d'une personne ou d'un groupe de personnes. Chacun a pu percevoir la différence entre l'ambiance d'une église, d'un bar, d'une bibliothèque, d'une forêt, ou d'une plage. Il est aussi facile de percevoir la différence d'ambiance entre notre propre habitation et celle d'autres personnes. Il s'agit d'une ambiance informationnelle et non de la décoration, il s'agit en sorte de capter la différente énergie des lieux. Il existe des personnes qui, consciemment, ne perçoivent que très peu ces différences d'ambiances et d'autres qui y sont très sensibles. Mais, même lorsqu'une personne ne perçoit pas consciemment beaucoup d'informations sur l'atmosphère des lieux, cela n'empêche pas son corps de tout percevoir et son esprit conscient de pouvoir accéder par le rêve à une partie des informations captées par son corps. Les personnes très rationnelles et très fermées à ce type de perception peuvent donc tirer un très grand profit dans la vie réelle de la compréhension de leurs rêves pour compenser leurs lacunes en matière de perception consciente. Pour faire un travail utile sur les rêves, il faut noter tous les grands événements qui surviennent, les activités quotidiennes, les voyages, les fêtes, les déménagements, les grandes décisions et les grandes prises de conscience. Pour ceux qui effectuent un travail créatif, il est intéressant de noter les étapes de réalisation de ce travail et la façon dont cette création est vécue (par exemple, les jours de bonheur et les jours d'hésitation, les jours avec ou sans inspiration). Si vous voulez utiliser vos rêves pour améliorer votre santé (physique et psychologique) ou pour prévenir ou découvrir des risques,[xxx] il est important de noter tous les désordres qui surviennent même les petits désordres. Pour la santé physique, notez par exemple: une gêne articulaire, un rhume, une grippe, des tensions musculaires, une bonne, mauvaise ou moyenne forme physique et si vous êtes sportif notez comment se passent vos entraînements. Pour la santé psychologique notez quel est l'état de votre moral et votre humeur au lever et au cours de la journée. Toutes ces notations sont très utiles, elles demandent un certain temps et beaucoup de patience dans les débuts, mais les résultats en valent la peine. L'un des résultats, qui me paraît très appréciable, c'est de savoir que les problèmes de santé sont toujours annoncés très longtemps en avance par les rêves, lorsqu'il est encore temps d'y remédier. Nous reviendrons sur le thème de la santé un peu plus loin. L'observation des rêves et de la réalité permet de comprendre beaucoup mieux ce que sont la santé, la maladie et la guérison. En attendant, voici quelques unes des découvertes que j'ai faites grâce à cette façon d'observer le processus onirique.

CHAPITRE 3: Les résultats permis par cette méthode

J'ai découvert beaucoup de choses à travers cette approche des rêves, sur moi-même, sur les autres, sur les animaux et sur la nature. Il reste encore beaucoup à découvrir, et je continue! Par ailleurs, de nouvelles facultés se sont développées en moi et mon intuition s'est considérablement affinée. Ce travail de compréhension du processus onirique m'a aussi apporté une plus grande paix, et une plus grande confiance en la vie, car je dispose de beaucoup plus d'informations qu'autrefois pour me guider dans l'existence. Chacun fera ses propres découvertes selon ses centres d'intérêt. En tant que juriste, je me suis particulièrement intéressée aux liens invisibles que tissent les personnes, à l'énergie qui émane des groupes, et à la façon dont s'opèrent les échanges énergétiques. Pour le monde moderne, je suis une juriste tout à fait inhabituelle. Pourtant, dans les civilisations anciennes la justice ne se limitait pas à la gestion du monde matériel. J'ai cherché à travers l'observation du processus onirique à mieux comprendre ce qui se passe sur le plan intangible entre les personnes. Ceci intéressait au plus haut point les premiers "juristes" des civilisations anciennes tels les Romains dont nous avons déjà parlé, mais aussi les anciens Égyptiens. Voici quelques unes de mes découvertes dans ce domaine.

1. Mise en lumière des échanges intangibles

Comme je l'ai déjà expliqué, nous émettons des informations de toutes sortes à travers notre corps et nous percevons à travers l'ensemble de notre corps des informations qui émanent des autres ou qui imprègnent les lieux dans lesquels nous nous trouvons. Nous sommes tous entourés par une atmosphère unique, une espèce de "sphère informationnelle" personnelle dans laquelle se mêlent les informations que nous émettons et les informations que nous recevons. Ces dernières émanent d'autres personnes et des lieux où nous nous trouvons et de tous leurs "habitants" végétaux, animaux et humains. Nous pouvons représenter cela de façon schématique dans le dessin qui suit (schéma 7):

Lorsque nous sommes en contact avec d'autres personnes, les sphères informationnelles se mélangent et notre corps capte beaucoup plus d'informations sur les gens qui nous entourent que notre esprit conscient. Nous pouvons représenter schématiquement comme il suit ce qui se passe lors d'une rencontre entre deux personnes (schéma n° 8):

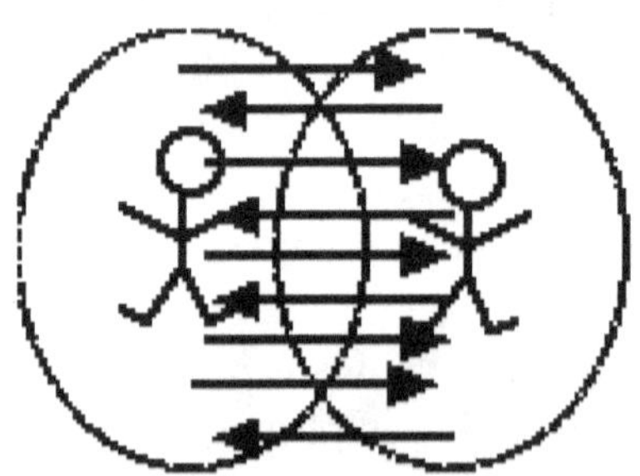

Au cours de cet échange, l'esprit conscient reçoit toutes sortes d'informations auditives, visuelles, tactiles et olfactives. Pendant ce temps là, notre corps dans son ensemble capte tous les messages invisibles qui émanent de la personne et du lieu de la rencontre. L'ensemble de notre corps capte les informations invisibles telles que: émotions, sentiments, énergie physique et énergie psychique d'une personne, les pensées non formulées, et aussi des informations sur le lieu où elle vit, sur son passé familial et son hérédité. Il s'agit d'un véritable balayage en profondeur de la personnalité et du corps de nos interlocuteurs. Notre corps capte beaucoup plus d'informations que celles qui affleurent à notre conscience. Vous pourrez le voir facilement par vous-même à travers vos propres recherches. Toutes les informations captées par le corps parviennent à la *grande conscience*, tandis qu'une part infime de ces informations affleure à la conscience en l'état de veille. Grâce aux rêves et à l'intuition, la *petite conscience* bénéficie d'un supplément d'informations. Grâce aux rêves, nous pouvons, par exemple, accéder à plus d'informations sur les personnes que nous rencontrons et mieux savoir à qui nous avons affaire. Même si, à l'état de veille, nous avons été séduits par des discours ou des apparences trompeuses, nos rêves ne manquent pas de nous montrer les autres (et nous-même) sous notre vrai jour. Le corps, au contraire de l'esprit conscient, ne subit pas de préjugés culturels. Très naturellement, il capte toutes les informations possibles sur vos interlocuteurs, quels que soient leur discours, leur apparence physique et la langue dans laquelle ils s'expriment. Avant de pouvoir tirer parti de vos rêves pour mieux connaître votre environnement humain, il vous faudra un certain temps. En effet, vous devrez apprendre à distinguer des autres personnes, les personnages de vos rêves qui vous représentent vous-même. Vous verrez qu'un certain nombre de personnages vous représentent avec vos qualités et souvent avec vos défauts.[xxxi] Etant donné qu'il est tentant d'attribuer aux autres tout ce qui est déplaisant, il faut donc être prudent et ne pas juger hâtivement les gens que nous rencontrons, sur la base des rêves seulement. Il faut aussi utiliser à bon escient votre raison. Par ailleurs, au fur et à mesure de votre entraînement, vous verrez apparaître beaucoup de défauts chez les autres et il faudra les aimer malgré tout. Qui peut prétendre être parfait? Avec le temps, vous pourrez faire la différence entre les informations qui vous concernent et celles captées à propos d'autres personnes rencontrées dans la réalité. Vous pouvez faire une expérience très simple et très intéressante après avoir préalablement observé un certain temps les connexions entre vos rêves et la réalité. Cette expérience consiste à s'isoler complètement pendant au moins quelques jours.[xxxii] L'isolement permet de "nettoyer" notre propre sphère informationnelle des émissions de notre entourage habituel. Après la période d'isolement, vous pourrez sentir beaucoup mieux la différence entre votre propre ambiance et celle des autres et vous serez beaucoup plus réceptif. J'ai souvent recours à cette pratique à laquelle j'ajoute l'utilisation du remède floral Crab Apple du Docteur BACH.[xxxiii] Ce remède sert à se purifier. Parfois, je fais aussi un jeûne pendant cette période d'isolement. J'ai pu ainsi prendre conscience de l'utilité des pratiques de purification et des anciennes pratiques d'incubation des rêves, dont je parlerai plus loin. Par ailleurs, il vous sera assez facile de vous rendre compte par vous-même que certains rêves ne peuvent s'expliquer par rapport à vous. En effet, c'est comme si ces rêves appartenaient à d'autres personnes, comme si vous rêviez à la place de quelqu'un d'autre. Ceci arrive souvent dans les couples où se produit par la vie commune un intense échange informationnel. Isabel ALLENDE a aussi observé ce phénomène et elle en parle ainsi: "Notre complicité est si totale que nos rêves se mêlent et que le lendemain nous ne savons plus qui a rêvé de quoi."[xxxiv] Il peut arriver qu'une personne sensible fasse des cauchemars répétitifs alors que son conjoint récemment choqué, par exemple, dans un accident de voiture, dort paisiblement. De même, lorsque nous voyageons, nos rêves sont influencés par l'atmosphère des lieux dans lesquels nous dormons.

Pendant la première nuit de sommeil dans un nouveau lieu, vous pouvez très bien rêver de choses qui concernent les personnes qui ont vécu là avant vous.[xxxv] Ceci permet de comprendre pourquoi tant de traditions spirituelles pratiquent des rites de purification des lieux. De ce fait, de nombreux rêves faits en voyage n'ont pas de grand rapport avec la vie du rêveur. Tenter de leur appliquer l'une ou l'autre méthode d'interprétation ou de direction des rêves est peine perdue. Mes recherches m'ont aussi permis de prendre conscience de la part que nous jouons tous dans la formation d'une ambiance collective. Il y a, par exemple, des villages où l'on se sent bien et d'autres dont l'atmosphère est pesante. Cette différence n'arrive pas par hasard, une partie de l'ambiance résulte des lieux et une autre partie des êtres qui y vivent. A vous de faire les déductions et d'observer à travers vos propres expériences ce que sont des lieux "psychiquement pollués". Bien que la majorité des êtres humains ne prête pas attention à la "pollution psychique", celle-ci les affecte néanmoins à divers niveaux. En constituant une atteinte à l'énergie des individus, elle contribue à créer un malaise parfois incompréhensible d'un point de vue purement matérialiste. Au contraire, une bonne ambiance informationnelle contribue au bien-être et favorise la créativité. S'il y a des lieux, par exemple, qui inspirent les artistes, ce n'est pas un hasard et nous serons peut-être un jour techniquement capables de mesurer l'énergie des lieux et des personnes. En attendant, vous pouvez observer que lorsque des artistes s'installent massivement dans certains endroits délaissés ou insalubres de villes, ils en transforment l'atmosphère et rendent ces lieux tellement plus attractifs qu'au bout d'un certain temps ils sont obligés d'aller se loger ailleurs. Ils sont devenus incapables de payer les loyers, qui grâce à eux ont augmenté.[xxxvi] Pour ceux dont la sensibilité à ces énergies est encore endormie, les rêves sont le plus sûr et plus simple moyen d'information à leur portée. Avec le travail sur la connexion des rêves et de la réalité, la sensibilité augmente.[xxxvii] Je suis devenue beaucoup plus sensible à tout ce qui m'entoure et j'ai aussi fait l'expérience de la communication à distance. Par expérience, j'ai compris que le corps capte à distance tout ce qui nous intéresse ou est en relation énergétique avec nous. J'ai remarqué aussi que les communications à distance en état de rêve ou pendant l'état de veille se produisent de manière privilégiée lorsqu'existe un fort lien affectif ou familial et tout particulièrement entre une mère et ses jeunes enfants. Il y a encore beaucoup d'autres choses à découvrir par vous-même concernant les rapports entre les personnes. Pour terminer avec ce thème, voici un autre résultat très pratique: la prise de rendez-vous. Lorsqu'en rêve je prends un rendez-vous avec une personne, je la rencontre ensuite dans la réalité, "par hasard". Cela m'arrive régulièrement et j'ai pu observer que les rendez-vous que j'accepte en rêve ne sont jamais manqués dans la réalité et qu'ils se produisent malgré les circonstances les plus difficiles. Par exemple, dans un rêve j'avais accepté de revoir un ami très proche dont j'étais désolée d'avoir perdu la trace, car nous avions déménagé simultanément et n'avions pas eu le temps d'échanger nos adresses. Je savais qu'il était reparti au Maroc, son pays d'origine. Le matin, en notant ce rêve j'eus l'irrésistible envie de me rendre sur les Champs Elysées. Pourtant, je déteste me retrouver de bon matin dans le bruit et la foule de cette grande avenue parisienne. Je suivis quand même mon impulsion et m'y rendis en métro. Arrivée à la station désirée, alors que je voulais utiliser un escalier roulant pour sortir, un homme ouvrant ses bras devant moi sans dire un mot, me barra le chemin. Je sortis donc en utilisant un autre escalier roulant. Arrivée en haut de cet escalier roulant, à ma grande joie, je me retrouvai face à mon ami qui se promenait sur les Champs Elysées. Il était en voyage à Paris pour quelques jours. Logiquement et statistiquement, nous avions très peu de chances de nous revoir. Mais les rêves ont une autre logique et une autre façon de faire des statistiques, de concevoir le temps et l'espace. Ceci nous amène à présent à la question du temps et de l'espace dans les rêves.

2. Une autre philosophie de l'espace-temps

Dans le monde onirique, le temps et l'espace existent aussi, mais n'obéissent pas toujours aux mêmes lois que dans le monde réel. Pour ce qui concerne l'espace-temps, il est difficile ici de distinguer nettement entre ce qui appartient au monde intangible des rêves et ce qui provient de la réalité qui nous entoure. Très particulièrement dans ce domaine, il y a une imbrication du visible et de l'invisible qui fausse toutes nos classifications de l'état de veille. Nous allons donc faire de notre mieux pour expliquer clairement la notion d'espace-temps dans le rêve.

a) l'espace onirique:

Nos rêves sont fortement imprégnés des informations qui sont autour de nous dans notre monde physique. Cependant, vous verrez qu'ils contiennent aussi des informations provenant de lieux parfois très éloignés. Notre corps est capable de capter des informations émanant de personnes qui peuvent se trouver par exemple dans un autre pays. Dans ce cas, la loi de l'espace matériel peut être inopérante. Ce sont d'autres lois qui sont effectives, par exemple: la loi d'affinité, la loi énergétique, la loi de la pensée, la loi des sentiments, etc... Lorsqu'il nous arrive, par exemple, de capter des informations sur des personnes qui sont très loin de nous dans l'espace, ces personnes sont en réalité proches de nous d'une manière où d'une autre. Cette proximité peut être affective, énergétique, où tout simplement la personne a pensé à nous et notre corps a capté cette pensée. Ceci s'observe facilement à travers le journal de rêve et de réalité. Dans la littérature il existe aussi de nombreux témoignages à ce sujet. Par exemple, dans son autobiographie, l'écrivaine Nina BERBEROVA a affirmé qu'elle avait pu, dans un rêve, percevoir à distance les circonstances de la mort de ses parents dont elle était alors éloignée.[xxxviii] Notre corps est capable de percevoir à distance des événements qui sont en train de se produire et qui ont un lien avec nous. Les rêves ne nous permettent pas seulement de défier les lois de l'espace, ils nous permettent aussi d'avoir accès au futur et au passé.

b) le temps onirique: la connaissance du passé et la prédiction du futur dans les rêves
Ici encore, il est difficile de faire la part des choses entre le temps onirique et le temps "matériel", car ces deux temps s'interpénètrent. En observant simultanément vos rêves et votre réalité, vous verrez que vos rêves contiennent des informations sur votre présent immédiat, sur le passé proche ou lointain, et sur le futur. Nous allons essayer d'expliquer pourquoi nous pouvons avoir accès en rêve à ce genre d'informations. Les rêves sur le passé sont assez faciles à admettre d'un point de vue rationnel. Il n'en va pas de même pour les rêves prémonitoires.

Le passé dans les rêves:
Vous verrez à travers votre auto-observation que certains rêves contiennent des informations sur des événements déjà passés dont vous ne pouviez pas avoir connaissance. Un événement par exemple a eu lieu deux semaines auparavant et vous en avez connaissance deux semaines plus tard en rêve. Dans ce cas, c'est comme si l'information captée en temps réel par la *grande conscience* n'avait pu accéder à la *petite conscience* que deux semaines plus tard. Vous verrez aussi qu'en rêve

vous pouvez accéder à des informations sur vos ancêtres, même ceux morts il y a très très longtemps. Dans ce cas nous accédons probablement à la mémoire de notre corps qui contient quelque chose de tous les êtres qui nous ont précédés et ont contribué à sa formation.

Vous verrez aussi que vous pouvez accéder à une mémoire collective beaucoup plus large et y puiser des informations sur le passé de l'humanité. Il existe une mémoire psychique collective ou pour utiliser le langage de Karl Gustav JUNG: un inconscient collectif. Certaines traditions spirituelles enseignent qu'il existe une mémoire collective de l'humanité: la mémoire akashique. Selon ces traditions, certaines personnes parviennent à accéder consciemment ou en état de rêve à la mémoire akashique. Dans les vignettes des livres des morts des anciens Égyptiens la mémoire du monde est symbolisée par le dieu Anubis, qui lorsqu'il se tient près de la balance de la Justice prend des notes sur une palette.[xxxix] Les progrès de l'informatique rendent finalement l'existence de ce type de mémoire tout à fait possible. Ne sommes-nous pas devenus capables de stocker des quantités de plus en plus grandes d'informations sur des supports de plus en plus petits? Il y a certainement des "supports naturels" que nous ne connaissons pas et qui enregistrent toutes sortes d'informations. La connaissance d'événements du passé peut donc s'expliquer relativement aisément tandis que l'accès au futur semble tout à fait bizarre.

Le futur dans les rêves:

Etant donné l'habitude que nous avons de notre espace-temps, cela peut paraître beaucoup plus difficile d'admettre que nous puissions accéder à des informations sur le futur. Cela semble "paranormal" ou "merveilleux" ou tout à fait impossible. Pourtant, vous vous apercevrez bien vite à travers le travail d'observation des rêves et de la réalité, que rêver en avance des événements futurs est tout à fait banal et courant.[xl] Vous remarquerez aussi que parfois vous rêvez en avance de choses sans importance. En fait, nous faisons tous chaque nuit des rêves prémonitoires pour la bonne raison que nous ne vivons pas nos vies dans le sens que nous croyons. Tout se passe en réalité comme si la vie était vécue à l'envers. En d'autres termes, le jour, nous ne faisons que jouer le rôle que la *grande conscience* a programmé pour nous et dont elle nous informe à travers les rêves. Cette programmation fonctionne, même lorsque nous oublions nos rêves. Il arrive parfois que notre esprit conscient bloque dans la réalité la réalisation de cette programmation, mais nous nous trompons lorsque nous croyons que c'est l'esprit conscient qui mène tout le temps la barque! Etant donné que certaines informations sur le futur parviennent à l'esprit conscient à travers des rêves clairs et précis, l'humanité a toujours su que les rêves peuvent "prédire l'avenir". C'est essentiellement cette faculté onirique qui intéressait les anciens. Ils considéraient cependant que les rêves prémonitoires étaient envoyés par les dieux, ce qui les empêcha d'explorer le processus onirique de manière plus globale.[xli] De nos jours, les rêves prémonitoires sont encore considérés par la plupart des gens, comme des événements merveilleux, de nature para-normale ou divine. Parfois, au contraire, leur existence est niée. Ceux qui osent parler de leurs rêves prémonitoires dans certains cercles, sont ridiculisés par des personnes totalement ignorantes de leur propre monde onirique. Pourtant, prédire le futur est une faculté tout à fait naturelle de notre cerveau. Elle existe déjà à l'état de veille et tout le monde l'utilise naturellement. Elle se trouve simplement considérablement amplifiée au cours du processus onirique.

De toute façon, la littérature abonde de témoignages sur la

possibilité de connaître l'avenir à travers les rêves. Par exemple, L'écrivaine Isabel ALLENDE affirme avoir su à l'avance à travers ses rêves qu'elle allait être enceinte et le sexe de l'enfant à venir et elle dit qu'elle utilise à présent cette "faculté" pour sa descendance.[xlii] Comment pouvons-nous expliquer l'existence de cette faculté naturelle de connaître l'avenir? Nous pouvons comprendre ce phénomène en le comparant à ce qui se passe dans la vie éveillée. Dans la réalité, personne ne s'étonne du fait que vous puissiez prévoir que dans le futur, tel jour à telle heure, vous ferez telle chose, pour la simple raison que vous l'avez décidé seul ou en accord avec d'autres personnes. La *grande conscience* fait exactement la même chose, mais comme elle a accès à beaucoup plus d'informations que la *petite conscience* elle est capable d'organiser le futur avec beaucoup plus d'avance et beaucoup plus de précision. Lorsque vous aurez travaillé assez longtemps sur vos rêves et votre réalité, et que vous aurez décodé l'essentiel de vos propres symboles oniriques, vous pourrez constater que certains événements sont annoncés parfois dix ans plus tôt, de manière parfois claire et précise dans les rêves. Cependant, la plupart des événements courants apparaissent dans les rêves peu de temps avant leur manifestation dans la réalité. Les rêves préparent constamment la vie diurne, mais peu de personnes sont conscientes de cet état de choses, car elles n'ont pas appris à décrypter leur propre code onirique. De ce fait, elles ne bénéficient que de quelques rêves clairs et précis sur leur futur, et passent à côté de tous les autres rêves prémonitoires parce qu'elles n'ont pas appris à décoder leur langage onirique. Connaître votre propre langue onirique grâce à l'observation simultanée de vos rêves et de votre réalité, vous donnera un avantage inestimable pour vous guider dans l'existence. Cela va vous aider à saisir des occasions, à prendre de bonnes décisions, à surmonter des obstacles et vous éviterez bien des écueils. Lorsque je dois prendre une décision importante dans ma vie professionnelle ou affective, alors apparaissent les rêves de chemin, de routes ou d'autoroutes qui me guident en me signalant parfois que je me trompe de route, ou que je ne conduis pas de la bonne façon. Ces “conseils” oniriques, que j'ai appris à décrypter, sont très précieux, car ils se basent en fait sur une somme d'informations beaucoup plus étendue que celle dont je dispose à l'état de veille. De surcroît, dans l'état de veille, nous sommes limités par notre vision à court terme, nos désirs immédiats et nos facultés de raisonnement logique. Pour pouvoir tirer un bon parti du processus onirique pour connaître le futur, il faut apprendre à distinguer les rêves prémonitoires d'autres rêves tels que les rêves d'accomplissement de désir, les rêves de “digestion” d'informations, les rêves psychologiques, les rêves “des autres”, et les cauchemars récurrents, dus à des traumatismes. Ces cauchemars mettent en scène des catastrophes qui ne se produisent jamais. Freud avait en partie raison lorsqu'il estimait que les rêves sont des accomplissements de désirs. En effet, de tels rêves se produisent fréquemment. En conséquence si vous désirez très fort quelque chose, ne prenez pas vos rêves d'accomplissement de désir pour des rêves prémonitoires. Dans ce cas, vous seriez très déçus. J'ai observé que lorsque je souhaite ardemment quelque chose, mes rêves ne me sont pas d'un grand secours pour connaître l'avenir sur ce point, je manque du détachement nécessaire. Dans ce cas, je demande à mes proches de m'aider en me racontant leurs rêves. N'étant pas envahi par un vif désir, l'esprit conscient de mes proches est plus ouvert pour recevoir des messages de ma *grande conscience*, et ils rêvent la réponse pour moi. C'est comme si leur plus grande neutralité leur permettait de mieux capter l'information qui me concerne et que je porte en moi et autour de moi, alors que mon vif désir fait obstacle au passage de l'information dans mon esprit conscient. Vous verrez en observant vos rêves et votre réalité, que certains rêves sont simplement des créations de votre *petite conscience*, avec toutes ses limitations. Plus nous acquérons de détachement et de neutralité par rapport à notre propre vie et plus nous y voyons clair sur le passé, le présent et l'avenir, à travers les rêves et aussi dans la réalité. Mais être détaché et neutre, ce n'est pas toujours facile!

Par ailleurs, certaines personnes font des cauchemars récurrents de catastrophes qui ne se produisent jamais. Si vous êtes dans ce cas, il est intéressant de faire un travail sur vos rêves et votre réalité. D'abord pour vous rassurer sur le caractère non prémonitoire de ces rêves, puis pour tirer parti de ce phénomène pour accéder aux traumatismes parfois très anciens qui les ont formés. Selon des recherches effectuées par des psychologues et groupe-analystes, des traumatismes peuvent se transmettre à travers plusieurs générations.[xliii] Ils réapparaissent dans des cauchemars récurrents dénués de liens avec la vie réelle du rêveur. En général, ces cauchemars se répètent avec un même thème émotif et des décors différents. Certains rêveurs ressentent une grande frayeur, d'autres une grande angoisse. Si vous êtes sujet à ce genre de cauchemars, apprenez à bien les repérer, car vous pouvez en tirer un excellent parti au lieu d'en subir les inconvénients. Les cauchemars récurrents sont liés à d'importants potentiels énergétiques. S'en libérer permet d'utiliser ces potentiels énergétiques. De même, démêler l'écheveau de mémoires traumatiques permet au individus souffrant de traumatismes trangénérationnels, d'accéder à des informations qui appartiennent parfois à un passé très lointain de l'humanité. L'observation simultanée du rêve et de la réalité vous sera très précieuse. Avec le temps, vous vous vous apercevrez que ce sont certains événements de votre réalité, un état de stress ou une période d'isolement, qui réactivent ces traumatismes inconnus de votre esprit conscient. C'est à partir de vos observations des connexions entre vos rêves et votre réalité, que vous pourrez comprendre l'origine et le sens de vos cauchemars, et vous en guérir.[xliv] Certains remèdes homéopathiques et aussi les fleurs de BACH[xlv] "soignent" sans effets secondaires les émotions et les sentiments: pensez-y! Avec un peu d'entraînement, vous pourrez observer dans vos rêves si un remède exerce ou non un effet favorable sur vous. Par exemple, lorsque je prends "Crab Apple" un des remèdes floraux du Docteur BACH, qui sert à la purification, je fais des rêves de nettoyage à grandes eaux de ma maison. Parfois, je nettoie même toutes les rues de Paris. Après cela, quelle sensation de propreté autour de moi! La dernière chose dont je voudrais parler avant de terminer sur le thème du futur dans les rêves, c'est la fatalité.

Ne soyez pas fataliste:
Nous allons ici reprendre la même comparaison que celle que nous avons utilisée pour expliquer pourquoi les rêves prédisent le futur. Nous avons vu que l'esprit conscient prédit le futur et que personne ne s'en étonne. Nous avons vu aussi que la différence entre l'esprit conscient et la *grande conscience* dans leur fonction de prédiction du futur tient à ce que la *grande conscience* se base sur beaucoup plus d'informations que la *petite conscience* pour organiser le futur. Elle peut donc prévoir beaucoup plus loin dans le temps. Il arrive que votre esprit conscient ait prévu un futur qui finalement ne se réalisera pas. Par exemple, le lundi, vous avez pris un rendez-vous pour le samedi suivant et vous annulez ce rendez-vous le vendredi. Jusqu'au vendredi, vous connaissiez votre

avenir par rapport à votre journée de samedi, et pourtant cette prédiction consciente ne s'est pas réalisée. La même chose peut arriver pour ce qui concerne les prédictions de la *grande conscience*. Elle peut changer d'avis et vous pouvez aussi lui faire changer d'avis. C'est la raison pour laquelle, quoi que vos rêves annoncent, ne soyez pas fataliste et résignés. Si les rêves influencent la réalité, la réalité influence aussi les rêves et il est toujours temps, lorsque nous sommes informés en rêve que des choses ne vont pas comme il faudrait, de prendre les mesures adéquates dans la réalité[xlvi] pour arranger cette situation ou éviter certains événements dont les rêves nous préviennent. Dans la plupart des cas, nous sommes libres de changer notre réalité. Pour prendre une comparaison concrète, il est possible de guérir un dysfonctionnement corporel mineur avant qu'il ne se transforme en une grave et incurable maladie. Vous verrez à travers votre propre observation du processus onirique que la *grande conscience* est beaucoup plus compétente que l'esprit conscient pour détecter, très longtemps avant leur manifestation corporelle, vos problèmes de santé. Ceci nous amène, à présent, au thème des rêves et de la santé.

3. Une autre philosophie de la médecine

De nos jours, la médecine chinoise continue à prendre les rêves en considération pour établir les diagnostics médicaux. La médecine moderne occidentale ne tient plus aucun compte des rêves des patients. Pourtant, l'interprétation des rêves à des fins de prévention médicale était utilisée par les médecins occidentaux de l'Antiquité.[xlvii] Dans le monde gréco-romain existait une pratique d'incubation des rêves à des fins essentiellement médicales. Les prêtres des temples d'Esculape, dieu de la médecine, recevaient des personnes malades qui souhaitaient “consulter” le dieu pour obtenir une guérison ou des conseils sur le traitement à suivre. Les personnes étaient astreintes à des rites de purification et lorsqu'elles étaient prêtes, elles étaient admises à dormir dans le temple d'Esculape où , souvent, elles recevaient en rêve une réponse à leurs questions. Par la suite, les prêtres et prêtresses se mirent à interpréter ces réponses. Aujourd'hui, vous n'avez pas besoin de croire à Esculape,[xlviii] d'aller dormir dans un temple et de dépendre d'un clergé pour comprendre vos messages oniriques. Vous verrez à travers votre propre expérience que ces rêves n'ont rien de merveilleux. Le signalement précoce à travers la fonction onirique des malaises physiques et énergétiques est une fonction normale de notre *grande conscience*. A travers mon expérience j'ai beaucoup appris sur la gestion de ma propre santé et sur le moyen de rester jeune plus longtemps. Mais surtout, j'ai pris pleinement conscience de l'importance de l'aspect énergétique de l'existence humaine. Comme la médecine moderne le redécouvre à travers le concept des maladies dites "psychosomatiques", le corps et l'esprit sont intimement liés. Des problèmes psychiques peuvent se manifester par des atteintes physiques. À l'inverse, un choc physique peut occasionner un traumatisme psychologique. La plupart du temps, les maladies sont dues à un mélange de causes physiques et psychologiques. L'observation simultanée de vos rêves et de votre réalité vous permettra de mieux comprendre le fonctionnement de votre corps en relation avec votre psychisme. Vous pourrez vous aider du processus onirique pour mieux gérer votre santé physique et mentale et retarder votre vieillissement. Une maladie n'arrive pas par hasard et ne se déclare pas d'un seul coup. Heureusement que le corps supporte nos erreurs pendant un certain temps avant de manifester des désordres physiques. Sinon, avec tous les abus que nous lui faisons régulièrement subir, nous serions tous déjà morts. Vous verrez à travers votre propre recherche que les désordres physiques existent d'abord dans le domaine psychique ou énergétique dans la *grande conscience* bien avant de se manifester par des désagréments physiques. Vous verrez aussi qu'une des principales fonctions du rêve c'est d'informer la conscience sur l'état de santé du rêveur pour l'aider à se préserver. Il s'agit d'une sorte d'instinct amplifié de conservation. Les maladies ne sont pas une fatalité qui s'abat aveuglément, d'un seul coup, justement sur vous. Vous (ou votre famille) les préparez depuis longtemps, même si nous avons parfois l'impression qu'elles se déclarent en un jour. Je suis toujours étonnée de constater à quel point la plupart des personnes ignorent leur corps tout autant que leurs rêves et leur vie intérieure. Tous ces alliés leur font peur, et elles préfèrent étouffer leurs messages sous une avalanche d'informations externes. Une telle attitude provoque un sentiment d'angoisse devant la solitude et le silence. En changeant d'attitude, elles pourraient acquérir une telle tranquillité d'esprit, s'éviter beaucoup de souffrances et vérifier par elles-mêmes que les rêves ne manquent pas de nous prévenir de tous les problèmes physiques en préparation et aussi des problèmes énergétiques et des conflits psychologiques.[xlix] Je sais par exemple, ce que signifient pour moi les rêves de pertes de cheveux ou de dents et je prends les mesures nécessaires pour prévenir les désagréments qui sans mon intervention immédiate ne manqueraient pas de se produire. Mais j'ai aussi observé que je ne dois pas m'inquiéter des rêves dans lesquels je suis chauve et ai les jambes poilues. Ce rêve se produit souvent lorsque je passe du temps en compagnie de personnes qui présentent ces caractéristiques. J'ai simplement capté leurs propres sensations corporelles. Avec la réceptivité que j'ai développée, je capte aussi les problèmes de santé en préparation chez les personnes que je côtoie. Au début, je pensais que ces problèmes me concernaient. J'ai ensuite appris, avec le temps, à mieux connaître mon terrain médical et à distinguer les rêves qui se rapportent à ma propre personne des informations captées dans mon environnement. Ceci me permet à présent d'aider les personnes qui me le demandent à capter pour elles des informations qu'elles souhaitent lorsqu'elles ne sont pas assez avancées ou lorsqu'elles sont trop angoissées pour y voir clair par elles-mêmes. L'angoisse, tous les sentiments négatifs, de même que l'agitation obscurcissent la réception des informations ou donnent lieu à de grandes distorsions dans la réception des messages oniriques. Le rêve étant dans une zone intermédiaire entre la *grande conscience* et l'esprit conscient, ou *petite conscience*, il est influencé par ces deux consciences. Plus votre conscience éveillée est souple et ouverte, plus votre esprit est clair et votre âme en paix et plus les messages des rêves deviennent clairs. Sans même utiliser les techniques des rêves lucides, vous pourrez observer que parfois votre esprit conscient reste très actif jusque dans vos rêves. Il juge, admet et rejette des informations, selon ses propres critères. Heureusement, dans le rêve, ce n'est pas lui, avec toutes ses limitations, qui domine et son effet est beaucoup moins puissant que dans la réalité. Les rêves constituent une source inestimable d'informations médicales et surtout d'informations sur les atteintes à notre intégrité énergétique. J'ai pu observer à travers mon expérience **qu'une des préoccupations fondamentales de la *grande conscience* est la préservation de notre énergie**. Sans énergie, même un corps parfaitement constitué ne pourrait vivre. Cette énergie c'est ce que nous appelons la vie. Avec peu d'énergie, le corps peut fonctionner correctement. Nous sommes capables de vivre à peu près normalement, mais nous ressentons alors un vide existentiel. Ce vide s'efface pour laisser place au bien-être et à la joie de vivre lorsque nous nous sentons pleins d'énergie, pleins de vie. Un manque d'énergie peut se traduire par un malaise physique, mais aussi par la dépression, un malaise de plus en plus courant dans nos sociétés modernes. Les personnes atteintes de dépression pour une raison ou une autre, n'ont pas assez d'énergie. En d'autres termes, elles ne sont pas assez vivantes. Elles sont comme des soleils en voie d'extinction. Au contraire, quand une personne est pleine d'énergie, sa vie lui paraît pleine et agréable, même si les conditions d'existence ne sont pas idéales. Un tel bien-être intérieur rend ces personnes très attirantes sans qu'on puisse expliquer pourquoi, d'un point de vue matérialiste. Ce bien-être ne provient jamais de la matière, il résulte toujours d'une faculté de s'ouvrir aux énergies vitales. Dans notre monde moderne trop matérialiste, il n'est pas étonnant que les désordres énergétiques soient devenus l'un des problèmes majeurs de société. En France par exemple, le taux de suicides est très élevé, et un nombre impressionnant de personnes a recours aux tranquillisants et aux antidépresseurs qui les emprisonnent dans la dépendance, en les privant parfois même de leur faculté de rêver.[1] Le travail sur les rêves et sur la réalité vous aidera à mieux gérer votre énergie, pour tirer le meilleur parti possible de votre existence et pour échapper à l'enfer de la dépendance vis-à-vis des médicaments, de l'alcool ou de la drogue et à l'enfer d'une vie triste et terne. Quelle joie de vivre émane de personnes ou d'animaux pleins de vie! L'observation simultanée du rêve et de la réalité vous aidera par exemple à comprendre que certains lieux ou certaines activités vous rechargent énergétiquement, tandis que d'autres lieux ou activités vous épuisent. A vous de faire vos propres expériences, tout en ayant à l'esprit que chacun d'entre nous est différent. Un lieu bénéfique pour une personne peut fortement en perturber une autre. Nous avons des besoins différents. Il en va de même avec les personnes qui nous entourent. Même sans savoir recours aux rêves, nous savons bien que certaines personnes sont énergétiquement épuisantes et nous les fuyons quand c'est possible, avec parfois une pointe de culpabilité lorsque ces personnes paraissent très sociables et prétendent nous aimer. Une personne énergétiquement très abîmée qui vous veut du bien, ne vous fera jamais de bien au plan énergétique. Si vous avez beaucoup plus d'énergie qu'elle, c'est vous qui par votre présence lui ferez du bien, même si ce n'est pas votre intention. Regardez autour de vous, vous observerez bien vite que vous attirez bien plus le regard et la gentillesse des autres, lorsque vous êtes en bonne forme "énergétique". Un déficit énergétique peut être dû à de multiples causes telles:

-lieux qui vous perturbent au point de vue énergétique,

-couleurs qui vous dépriment,

-conflits psychologiques et situations conflictuelles,

-mauvaise hygiène de vie,

-parasitisme énergétique,

-méconnaissance des mécanismes de recharge énergétique,

-effet de groupe.

Il existe des "lieux morts" et aussi des "âmes mortes" comme le suggère le titre d'un roman de GOGOL. De même, notre nourriture moderne devient de plus en plus "morte". Nous subissons en permanence des pertes ou des perturbations énergétiques. Ces atteintes sont toutes ressenties par notre corps, bien que beaucoup de personnes manquent de sensibilité ou d'attention pour en avoir pleinement conscience. La science moderne commence à peine à tenir compte de ces atteintes énergétiques, par exemple celles résultant de l'existence à proximité d'habitations de lignes électriques à haute tension qui perturbent gravement la santé de certaines personnes. Il est tout à fait dommage de ne pas s'intéresser aux rêves qui signalent, souvent de façon exagérée, très imagée et parfois terrifiante les atteintes à notre énergie. Une prise électrique défectueuse près de votre lit peut, par exemple, vous occasionner des cauchemars dans lesquels vous vous trouvez entouré de chauves-souris qui vous attaquent et dont vous ressentez le pincement partout sur votre corps. Jusqu'au moment où vous vous réveillez terrifié, mais ne sentez plus rien. En cas de cauchemar, il faudra donc rester très pragmatique pour éliminer d'abord toutes les causes matérielles qui peuvent provoquer ce cauchemar. Les cauchemars sont un moyen très efficace de la *grande conscience* pour vous informer des atteintes à votre énergie. Ce qui intéresse au plus haut point la *grande conscience* c'est l'énergie. Il y a toutes sortes de manières de capter de l'énergie et il y a autant d'énergie que nous voulons dans l'atmosphère, elle est partout, il suffit de s'y ouvrir. Le travail sur les rêves est une manière de s'ouvrir à la vie. Faire quelque chose qu'on aime en est une autre extrêmement puissante. Vous avez certainement fait l'expérience de la difficulté à vous lever le matin lorsque des tâches pénibles vous attendent. Alors, vous vous sentez fatigué, parfois même déprimé. C'est le contraire lorsque vous avez des choses intéressantes à faire ou un rendez-vous amoureux. Au point de vue énergétique exercer la profession qui vous plaît et qui vous convient est très important, car vous vous rechargez énergétiquement tout en travaillant. Au contraire, si vous faites des choses à contrecoeur vous bloquez en vous-même la circulation énergétique. Les personnes qui ont trouvé leur vocation et la vivent ont une sensation de contentement et de plénitude qu'aucune richesse matérielle ne peut apporter. Malheureusement, l'éducation, les problèmes matériels ou familiaux, et parfois les problèmes collectifs tels que les guerres, empêchent beaucoup d'entre nous de vivre leur vocation. Nous avons tous une vocation, les rêves sont un moyen de découvrir la vôtre, si vous ne la connaissez pas encore. Ils peuvent vous aider à redonner un sens à votre vie. Il n'est jamais trop tard pour faire ce que vous aimez. De toute façon, au plan énergétique, le résultat est toujours gagnant. Faire ce que vous aimez permet de débloquer certains problèmes psychiques qui dans votre existence ont pu se former en raison d'un conflit entre vos besoins profonds et la vie réelle que vous menez. Lorsque vous vivrez votre véritable vie, celle qui vous convient en profondeur, vous ressentirez un état de plénitude, de calme et de paix, même lorsque vous aurez des problèmes. Vous jouirez d'une meilleure santé, et vous verrez votre énergie augmenter. Lorsque votre énergie aura atteint un certain niveau, elle ira éveiller naturellement certaines facultés considérées comme merveilleuses et paranormales. Ce dont nous reparlerons plus en détail dans le dernier chapitre. Pour terminer avec les résultats que vous pouvez obtenir grâce à l'observation de votre processus onirique, je vais vous faire part d'un moyen pour obtenir de votre *grande conscience* les informations dont vous avez besoin.

CHAPITRE 4: Comment tirer parti de l'intelligence des rêves dans la réalité

1. Une puissante clef d'accès à l'information

Lorsque vous aurez décodé l'essentiel de votre langage onirique, vous posséderez un outil d'une efficacité remarquable pour comprendre vos rêves et pour communiquer plus efficacement avec votre *grande conscience.* En effet, vous pourrez lui parler dans sa propre langue symbolique et mieux faire passer les messages. Nous avons vu que les rêves sont des intermédiaires entre la *grande conscience* et l'esprit conscient. La logique des rêves ne joue pas seulement dans le sens rêve/réalité mais aussi dans l'autre sens réalité/rêve. En d'autres termes, comme les rêves sont des intermédiaires, nous pouvons les utiliser dans les deux sens, c'est-à-dire:

- de la *grande conscience* vers la *petite conscience*, par exemple lorsque nous savons décoder le sens de nos rêves. (schéma n° 9)

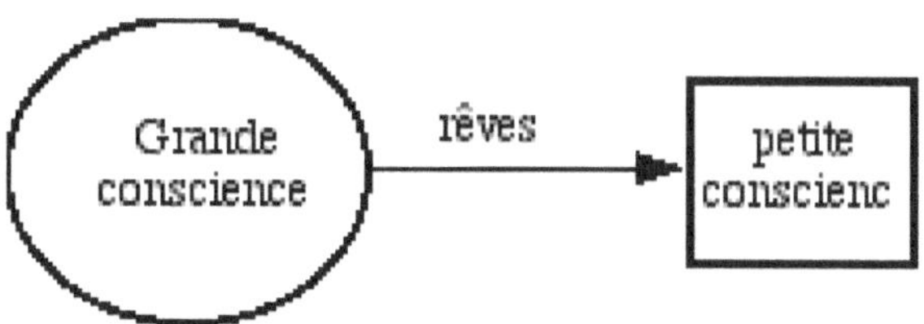

- de la *petite conscience* vers la *grande conscience*, lorsque nous désirons obtenir en rêve une réponse à une question. (schéma n° 10)

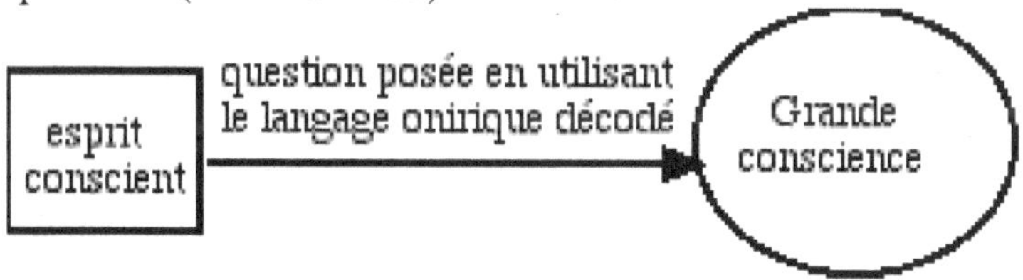

Au cours des expériences que j'ai réalisées sur mon propre processus onirique, j'ai eu l'idée de poser à ma *grande conscience* des questions dans son propre langage, c'est-à-dire dans mon langage onirique que j'avais préalablement décodé. En clair, avant de m'endormir, je me pose une question en utilisant le "vocabulaire" de mes rêves. J'ai observé qu'agir ainsi démultiplie considérablement mes chances d'obtenir une réponse précise en rêve aux questions que je me pose. De fait, c'est une des découvertes les plus utiles que j'ai réalisées sur le processus onirique. Je vais prendre pour cela un exemple concret et d'actualité, étant donné le marché actuel de l'emploi, puis l'exemple de la recherche scientifique.

2. Mieux vivre sa vie quotidienne

Si quelqu'un a décodé que dans son langage onirique "le chapeau" est le symbole le plus utilisé pour représenter son emploi, cette personne pourra utiliser ce symbole dans l'autre sens (de la *petite conscience* vers la *grande conscience*) en l'intégrant à une question posée à elle-même avant de s'endormir, telle: "Vais-je changer de chapeau?" J'ai observé que la question est d'autant plus efficacement posée qu'on forme les images du symbole mentalement et qu'on la pose "du fond du coeur", ce qui la charge d'émotion, c'est-à-dire d'énergie. Dans ce cas, la grande conscience peut répondre par un rêve qui soit utilise le même symbole que celui contenu dans la question, soit utilise d'autres symboles. Dans tous les cas, utiliser votre langage onirique préalablement décodé pour poser des questions à votre grande conscience, c'est démultiplier vos chances de communiquer efficacement avec elle et de ce fait de recevoir une réponse appropriée.

3. Des scientifiques plus efficaces

Si les chercheurs apprenaient à observer leur processus onirique, ils pourraient utiliser leur langage onirique décodé pour demander à leur *grande conscience* des réponses à des questions qu'ils se posent. Ils pourraient mieux se guider intuitivement dans leurs expériences et pourraient mieux comprendre des choses qui sont impossibles à comprendre d'un point de vue matériel uniquement. Cela permettrait d'accélérer le rythme des découvertes scientifiques. Je m'amuse beaucoup de constater qu'en France nous n'avons pas un centre national de découvertes scientifiques, mais seulement un CNRS ou centre National de Recherche Scientifique. Ce centre emploie des gens généralement trop sérieux pour s'intéresser à leurs rêves. Ils n'ont pas de temps pour cela, car ils passent beaucoup trop de temps en recherches infructueuses. Hélas, dans le monde scientifique il y a encore trop peu de personnes qui ont développé leur intuition ou qui prêtent un peu attention à leurs rêves. Pourtant, pour créer il faut d'abord oser rêver. Heureusement, quelques chercheurs, parmi les plus renommés, ont fait part du rôle joué par les rêves dans leurs découvertes.[li] Ces chercheurs estiment que la pensée logique seule ne conduit pas aux grandes découvertes scientifiques, pour cela il faut autre chose en plus. Ils pensent que l'intuition et les rêves sont à l'origine des plus grandes avancées scientifiques. Selon ces chercheurs, le processus mental de la création scientifique se déroule en deux temps. Il y a d'abord une idée, une intuition ou un rêve, puis grâce à la logique et à l'expérimentation on teste ces idées nouvelles et on les manifeste dans la réalité. Bien que trop rares, les rêves inventifs ont toujours existé, mais peu de chercheurs modernes osent en parler, à cause du tabou qui règne sur les facultés non rationnelles dans le monde scientifique. L'attitude générale du grand public et des scientifiques eux-mêmes vis à vis du rêve inventif est tout à fait irrationnelle. Le rêve de découverte lorsqu'il est reconnu est attribué comme dans le passé lointain de l'humanité à une sorte d'intervention divine appelée aujourd'hui le "hasard" ou la "chance". Personne ne cherche à comprendre ce qui s'est réellement passé dans l'esprit de l'heureux découvreur. Or, si nous regardons de plus près, une idée nouvelle n'est jamais le fruit du hasard, elle résulte nécessairement d'un ensemble de circonstances favorables à sa survenue. *A contrario*, le maigre nombre de découvertes résulte d'un certain nombre de conditions défavorables à la découverte. Si les chercheurs développaient leur compétence onirique, ils pourraient comprendre quels sont les obstacles à leur propre créativité et quelles sont les circonstances les plus favorables. Ils pourraient aussi interroger leur *grande conscience* dans son propre langage pour obtenir des idées nouvelles. Ainsi, ils seraient à-même de puiser de manière sélective et efficace à une source d'informations beaucoup plus ample que celle à laquelle peut avoir accès leur esprit conscient. L'esprit conscient est très utile dans le domaine scientifique, mais il serait bien plus performant s'il était guidé par la *grande conscience*. Ce qui éviterait de chercher à l'aveuglette. Hélas! La rationalité scientifique empêche de dépasser les limites trop étroites de l'esprit conscient et des facultés cérébrales qui lui correspondent. Bien que de plus en plus de scientifiques s'ouvrent à l'existence d'autres horizons,[lii] la science moderne nie l'existence de toutes les facultés mentales qu'elle ne peut expliquer et qu'elle refuse d'explorer. Pourtant, les faits prouvent qu'elles ont existé chez certaines personnes à toutes les époques de l'histoire. A travers l'étude de votre propre processus onirique, vous verrez par vous-même que ces capacités existent à l'état latent dans l'ensemble de l'humanité. Il ne tient qu'à nous de les développer.

Avant de pouvoir efficacement communiquer avec votre grande conscience pour obtenir les réponses aux questions que vous vous posez, il vous faudra un certain temps de pratique et une “hygiène onirique”.

4. Les entraves au processus onirique

Il vous faudra apprendre à ne pas entraver le processus onirique. Surcharger le cerveau d'informations (abus de lectures, conférences, télévision, contacts) sans jamais lui laisser le temps de se reposer est très défavorable au passage d'informations de votre *grande conscience* vers votre esprit conscient. Dans un tel cas, l'esprit conscient occupé à “digérer” cette trop grande quantité d'informations n'est pas très disponible pour la communication avec la *grande conscience.* Il faut vous ménager des temps de solitude qui permettent de “digérer” les informations reçues par l'esprit conscient. Un autre obstacle très terre à terre au bon déroulement du processus onirique est une grande fatigue et l'insuffisance de sommeil. Si vous dormez juste ce qu'il faut pour récupérer physiquement, la qualité et le souvenir de vos rêves seront bien moindres que si vous dormiez un peu plus. D'ailleurs, j'ai remarqué que c'est souvent lorsque je me rendors le matin que je fais les rêves les plus intéressants et surtout les rêves dans lesquels j'obtiens des réponses aux questions que je me pose. L'extrême fatigue est un obstacle au bon fonctionnement du processus onirique de même que des dîners trop copieux ou trop difficiles à digérer qui provoquent des rêves de digestion très physiques et parfois même des cauchemars. Faites-en vous-même l'expérience. Comparez la qualité de vos rêves lorsque vous êtes en forme physique et psychologique, lorsque vous traînez une fatigue déjà ancienne et lorsque vous n'avez pas le moral. Donnez un maximum de confort à votre corps physique pour que votre esprit n'ait pas à s'en occuper pendant le sommeil et que la qualité de votre sommeil soit optimale. Lorsque, grâce à l'observation de vos rêves en relation avec votre réalité, vous aurez décrypté votre propre langage onirique, vous disposerez d'une puissante clef d'accès à une banque de données inépuisable dont vous ne soupçonniez peut-être même pas l'existence. Bien que nous nous targuions d'être entrés dans l'ère de l'information et de la communication, l'humanité dans son ensemble n'utilise qu'une très faible quantité des informations à sa portée, car elle n'est pas encore assez développée pour y accéder. Le travail d'observation du processus onirique permet d'entrevoir quelles capacités seront développées et utilisées par l'humanité du futur pour un meilleur accès au monde informationnel qui nous entoure. C'est entre autres, ce thème que nous aborderons dans le chapitre qui suit.

CHAPITRE 5: Une nouvelle philosophie de l'esprit

1. Qu'est-ce qui fait fonctionner notre cerveau?

Nous avons tous entendu dire que seulement 10 % environ des facultés du cerveau sont utilisés. Cependant, les neurologues modernes affirment à présent qu'il s'agit là d'un mythe et qu'il est très difficile d'estimer quel est le pourcentage du cerveau réellement utilisé. Certains neurologues n'ont pas hésité à se moquer des gens qui ont estimé que les facultés inutilisées du cerveau correspondraient à des facultés "paranormales". Pourquoi devrions-nous croire ces spécialistes? Leur savoir provient essentiellement de l'observation d'animaux de laboratoire. Ils n'ont jamais observé leur propre vie intérieure et encore moins leurs rêves. La neurobiologie, malgré son avancée n'est encore qu'à ses balbutiements. Le cerveau y est étudié d'une manière trop isolée pour permettre d'aboutir à des résultats d'envergure dans la connaissance de son fonctionnement. L'observation du processus onirique démontre qu'aucun cerveau humain n'est totalement isolé. Nous faisons tous parti d'un même bain informationnel à travers lequel nous nous influençons les uns les autres, même à une très grande distance. Ceci selon des lois qui ne peuvent qu'échapper aux méthodes de recherches employées dans les laboratoires. Chaque cerveau humain est constamment en communication avec son environnement et à travers lui avec tous les autres cerveaux. C'est la raison pour laquelle le cerveau d'un individu peut être profondément affecté par son environnement de manière positive et négative. Vous pouvez observer tout cela par vous-même en observant les connexions qui existent entre vos rêves et votre réalité. En revanche, vous ne pouvez pas compter le nombre de neurones activés dans votre cerveau. Les scientifiques pensent que les gens âgés ont des problèmes de mémoire probablement en raison d'une diminution de leur nombre de neurones. Ils ont, en effet, observé que les êtres humains commencent à perdre des neurones à partir de l'âge de 30 ans. Vous ne pouvez pas compter le nombre de neurones que vous perdez chaque jour. Cependant, avec un peu de bon sens, vous pouvez au contraire observer par vous-même que le bon fonctionnement de votre cerveau est plus fortement lié à votre niveau d'énergie qu'à la variation de votre nombre de neurones. Lorsque par exemple, vous n'avez pas assez dormi, votre mémoire est moins fiable. Il peut arriver dans ce cas que vous ayez du mal à trouver le mot juste pour parler. Vous pouvez aussi très facilement observer que le bon fonctionnement de votre cerveau dépend aussi des gens avec lesquels vous communiquez. Vous avez certainement déjà expérimenté le fait que la présence de certaines personnes bloque votre imaginaire et que celle d'autres personnes rend votre esprit beaucoup plus clair. Par ailleurs, s'il est vrai que nous perdons tous des neurones à partir de l'âge de 30 ans, pourquoi existe-t-il une si grande disparité dans les facultés mentales entre les gens âgés qui sont tous censés avoir perdu beaucoup de neurones? D'autre part, à cerveau "matériel" équivalent, les jeunes gens manifestent des intelligences extrêmement différentes. La piste du cerveau matériel ne semble donc pas être une bonne piste pour comprendre le potentiel humain d'intelligence.

2. Quelles facultés de l'esprit nous donnent plus d'énergie?

Pour rester en bonne condition cérébrale, les neurologues conseillent de faire du sport pour oxygéner le cerveau et de rester cérébralement actifs, par exemple, en lisant, écrivant, calculant et en exerçant notre mémoire. A travers de tels conseils, nous pouvons voir que les spécialistes du cerveau n'ont pas pris assez de distance par rapport à notre propre civilisation. Toutes les civilisations n'ont pas connu l'écriture et la lecture et pourtant, elles avaient développé leur intelligence. L'ancienne Egypte par exemple était principalement une civilisation axée sur les symboles et où l'écriture a joué un rôle insignifiant. Avec notre intelligence moderne, nous sommes d'ailleurs incapables de comprendre le sens de la plupart de leurs symboles. Les anciens Egyptiens et d'autres populations que nous avons du mal à comprendre avaient simplement développé autrement leur intelligence. Lorsque les neurologues feront le *troisième choix* et appréhenderont le cerveau à la fois dans son aspect tangible et intangible, ils seront à même de faire des progrès considérables dans la compréhension du fonctionnement du cerveau humain. Ils seront alors capables de proposer des solutions efficaces aux problèmes de santé mentale sans que les personnes souffrent des effets secondaires et soient dépendants des médicaments actuellement disponibles. Vous n'avez pas besoin de faire des recherches scientifiques pour observer par vous-même que le monde moderne dans son ensemble est psychologiquement déséquilibré. Ce déséquilibre provient du fait que nous avons donné la priorité à la mémoire, au calcul et à la rationalité au détriment de l'imagination et de l'intuition. Vous pouvez observer par vous-même que la “raison pure” n'est pas connectée aux forces de vie. Au contraire, les émotions, l'amour et les facultés de communication sont de puissants moyens de capter et de transmettre de l'énergie vitale. En étouffant l'émotionnel et l'imagination, toute notre civilisation s'est déséquilibrée et a abaissé son niveau d'énergie vitale. Ceci est particulièrement évident dans les pays développés et très net en France. Dans le pays de DESCARTES, nous estimons beaucoup les ingénieurs et les scientifiques qui sont formés dans des écoles où l'intuition et l'imagination sont inutiles. Au contraire, nous avons très peu de considération pour ceux que nous appelons “les littéraires”. En étouffant l’imagination, l’intuition et la sensibilité des individus pour donner la première place à la logique et au calcul, l’humanité ne peut espérer atteindre un niveau suffisant d’énergie vitale. Ce n’est qu’à partir d’un certain niveau collectif d’énergie vitale que les facultés dites “paranormales” du cerveau peuvent s’éveiller collectivement de manière naturelle. Pour le moment, tout ce passe comme si nous utilisions seulement une jambe pour avancer. Avec une jambe, il est impossible de marcher et encore plus impossible de courir. Comme nous nous sommes attachés à développer uniquement certaines facultés d’un hémisphère du cerveau au détriment de l’autre, nous ne pouvons pas savoir ce que “marcher” et encore moins ce que “courir” signifient pour le cerveau. Grâce aux progrès de l’informatique, l’humanité peut à présent compter sur les ordinateurs pour stocker des informations en mémoire et pour toutes les fonctions logiques du cerveau. De ce fait, nous pouvons désormais consacrer plus de temps au développement d’autres facultés. Dans le monde entier, des étudiants ont compris cela à leur façon. Ils utilisent les techniques modernes pour tricher aux examens pendant lesquels on teste la plupart du temps uniquement la mémoire. Au lieu de lutter contre ce phénomène qui a déjà pris une certaine ampleur, la société dans son ensemble ferait mieux d’entendre le message: “Il est temps de repenser notre philosophie de l’enseignement et aussi de la vie.” La mémoire et la rationalité peuvent être délégués aux ordinateurs et nous n’avons désormais plus besoin d’accorder une si grande importance à ces facultés du cerveau. Au lieu d’axer nos enseignements sur le développement de ces facultés, nous ferions mieux d’axer l’enseignement sur le développement des autres facultés du cerveau et sur le développement personnel. Le travail d’observation du processus onirique contribue à développer ces facultés sous-estimées dans notre société. Ce travail est en fait une voie "royale" de développement personnel particulièrement simple, efficace et sans danger qui permet de vivre normalement tout en progressant. C'est une méthode que chacun peut adapter à son propre rythme, à ses propres nuances, et à laquelle tout le monde: riche ou pauvre, rationnel ou intuitif, croyant ou non, a accès.

3. L'éveil collectif d'une autre intelligence

La précognition, la télépathie, l'accès aux informations contenues dans le monde intangible sont des facultés naturelles tellement endormies chez la majorité des êtres humains que beaucoup imaginent que ce sont des dons miraculeux, paranormaux, surnaturels ou au contraire les estiment impossibles. L'humanité du futur est amenée à manifester collectivement ce type de facultés. De même, que nous serons probablement capables de mesurer le niveau d'énergie psychique de groupes ou d'individus et que nous connaîtrons des moyens plus efficaces pour recharger énergétiquement les personnes déprimées, c'est-à-dire en déficit énergétique. Personne aujourd'hui ne s'émerveille plus du fait que les téléphones mobiles nous permettent de communiquer à distance en toute liberté. Pourtant, une telle invention au Moyen-âge aurait été taxée de sorcellerie. Les inventeurs et les utilisateurs se seraient retrouvés bien au chaud sur un bon bûcher avec tout leur bric-à-brac électronique! Les téléphones tout comme les outils de communication que nous avons inventés sont des matérialisations de nos propres capacités latentes. Notre corps est bien plus compétent pour communiquer qu'un assemblage de plastique et d'électronique, incapable de capter la vie. En observant votre processus onirique, vous verrez très rapidement que la télépathie, par exemple, est un phénomène onirique tout à fait banal. Vous verrez certainement que des personnages de vos rêves utilisent souvent ce type de communication. Vous observerez aussi que pendant votre sommeil vous avez capté les pensées d'autres personnes proches de vous ou non. Vous pourrez aussi constater que certaines pensées à votre égard que vous avez captées à l'état de veille de manière inconsciente passent à votre conscience, plus ou moins déformées, à travers les rêves. Lorsque des gens essaient d'expérimenter la télépathie, ils pensent qu'ils vont recevoir des informations de la même manière qu'avec l'esprit conscient. C'est-à-dire dans leur langue et de manière aussi précise. Donc, généralement, ils échouent dans leur expérience et concluent à l'impossibilité d'un tel mode de communication. La communication télépathique est très différente de notre mode de communication habituel qui est essentiellement mental.[liii] La communication télépathique n'est pas centrée sur l'utilisation du langage (bien que parfois certaines personnes aient affirmé recevoir télépathiquement des mots). Elle consiste principalement à émettre et à recevoir des émotions, des images, des sensations et des charges énergétiques.[liv] Le lien mère-enfant étant un des plus forts liens humains, nous prendrons cet exemple pour expliquer de manière plus pratique la télépathie. Il existe de nombreux cas de mères (humaines ou animales) capables de ressentir à distance la détresse de leur enfant. Dans ce cas, l'enfant en difficulté a envoyé un message émotionnel de détresse à sa mère. Dans certains cas, la mère peut capter à la fois l'émotion (la détresse) et des images sur la situation. Ces images captées télépathiquement ne sont pas formées par notre esprit conscient, elles apparaissent, cependant très clairement, dans notre champ de conscience. Imaginons qu'un enfant soit victime d'un accident. En pensant à sa mère, comme c'est presque toujours le cas pour un jeune enfant, il peut lui communiquer télépathiquement une émotion: par exemple sa frayeur, une image sur l'accident, et une sensation, par exemple il a les mains gelées. La sensation sera ressentie télépathiquement à distance par la mère, qui ressentira elle-même cette sensation de froid dans les mains. Nous terminerons en prenant un exemple plus agréable, la communication télépathique des pensées d'amour. Il y a différentes façons de capter télépathiquement une pensée d'amour. Lorsque quelqu'un vous envoie de l'amour, même de l'autre bout du monde, vous pouvez ressentir une sensation de bien-être ou de chaleur qui enveloppe tout le corps. Vous pouvez aussi recevoir en même temps une image de cette personne. Quand quelqu'un pense à vous, vous pouvez recevoir télépathiquement ces pensées sans toujours savoir d'où elles proviennent, car il peut arriver que vous n'ayez pas l'image de cette personne en même temps. Les émetteurs envoient avec leur pensée quelque chose de leur atmosphère psychique et c'est à travers cette ambiance psychique que vous saurez qui vous a envoyé ce message. Le travail d'observation du processus onirique vous permet de mieux faire communiquer votre *grande conscience* et votre *petite conscience*. Il permet d'assouplir l'esprit conscient et de s'ouvrir à d'autres perceptions de façon très naturelle. Le travail d'observation de mon processus onirique a provoqué de façon très naturelle l'éveil de mes facultés latentes. Bien que j'aie encore beaucoup de progrès à faire, je suis devenue capable, à l'état de veille, de percevoir à distance les pensées à mon égard de personnes même géographiquement très éloignées. J'ai observé que ma sensibilité psychique à l'état éveillé varie avec mon niveau d'énergie et mon état de calme. D'une manière générale, je suis devenue beaucoup plus sensible à mon environnement énergétique et psychique. Par exemple, il arrive que certaines personnes émettent des pensées et des émotions tellement fortes que j'ai presque l'impression de pouvoir les toucher. En revanche, quelle difficulté pour trouver des partenaires avec lesquels m'entraîner à "télépather" dans la réalité! Parmi les personnes qui veulent bien tenter l'expérience bien que ne croyant pas à l'existence de cette faculté, beaucoup sont capables d'émettre convenablement, mais très peu sont capables de recevoir les messages.[lv] Les animaux sont beaucoup plus agiles que les êtres humains dans ce mode de communication[lvi] qui a probablement existé avant l'invention du langage. Certains chats, par exemple, sont beaucoup plus doués que les êtres humains pour capter les pensées et émettre très fortement leurs messages autrement qu'en miaulant.[lvii] Lydia HIBY qui enseigne aux Etats-Unis à communiquer avec les animaux pense qu'il s'agit d'un mode de communication que nous avons tous expérimenté avant l'apprentissage du langage[lviii]. Tandis que pour Helen WAMBACH[lix] "les mots sont un écran de fumée"..."La vraie communication, insistait-elle, se fait télépathiquement, sous le niveau des mots." La communication télépathique consiste à émettre et à recevoir des émotions, des sensations, des images, des symboles, des charges énergétiques, et même parfois des odeurs. Pour émettre de façon satisfaisante, il faut avoir suffisamment d'énergie et de désir de communiquer. Pour recevoir, il faut être ouvert, notamment au niveau du "coeur". Il faut que la *grande conscience* et l'esprit conscient puissent communiquer directement à l'état de veille. En observant simultanément vos rêves et votre réalité, vous facilitez une telle communication. Une personne fermée à elle-même (c'est-à-dire dont l'esprit conscient est uniquement préoccupé du monde extérieur) est comme quelqu'un qui n'entend pas la sonnerie ou la vibration de son téléphone mobile et ne répond pas. Pendant ce temps là, sa *grande conscience* enregistre tous les messages qui lui sont destinés. Certains messages réussiront à affleurer à l'esprit conscient de manière plus ou moins déformée à travers les rêves. Lydia HIBY a constaté que lorsqu'elle communique avec les animaux l'information est captée par sa *grande conscience* ("higher self").[lx] Au début de mes recherches, je croyais moi aussi que la télépathie était un phénomène extraordinaire. Je m'en faisais une idée fausse et je ne voyais pas comment il était possible d'y parvenir. A travers votre propre travail d'observation du processus onirique, vous pourrez prendre conscience du fait que les capacités de communication humaines sont beaucoup plus étendues que ce que nous pouvons imaginer à partir d'un point de vue uniquement matérialiste. Vous verrez aussi, à travers vos propres expériences, que l'éveil des facultés inhabituelles du cerveau est dépendant de l'augmentation du niveau d'énergie vitale. Collectivement, nous sommes encore trop focalisés uniquement sur les problèmes matériels pour nous intéresser de manière significative à l'accroissement collectif de l'énergie vitale nécessaire à l'éveil collectif de l'intelligence humaine, et aussi à la solution de nos problèmes matériels! Des chercheurs scientifiques, un peu partout dans le monde, plus ouverts à la dimension immatérielle de la vie, ont commencé à explorer le champ électro-magnétique des êtres vivants. Collectivement, il semble que nous soyons arrivés au seuil, seulement, d'une humanité plus évoluée. Mais il nous reste encore à franchir ce seuil.

CONCLUSION

Dans cette étude, au lieu de privilégier une dimension de l'existence en excluant l'autre, nous avons fait le choix de considérer également l'aspect visible et l'aspect invisible de l'existence, ce qui nous a permis d'étudier leur synergie au cours du processus onirique. Nous avons pu ouvrir ainsi des horizons nouveaux de compréhension du processus onirique et voir émerger une nouvelle philosophie de l'esprit. L'observation des connexions entre le rêve et la réalité nous a permis d'obtenir notamment les résultats suivants:

1. Nous sommes parvenus à comprendre que la grande majorité des rêves, tout comme la majorité des processus vitaux résulte d'un processus d'échange entre le rêveur et son environnement tangible et intangible. Nous avons souligné le rôle joué par le corps humain dans son ensemble au cours de ces échanges et compris qu'il est possible en observant simultanément le rêve et la réalité d'une même personne de décrypter la signification de son unique langage onirique. En effet, sur une période assez longue il est possible de décoder de manière précise et efficace la plupart des rêves d'une personne, car les mêmes symboles oniriques apparaissent en simultanéité avec un même contexte réel.
2. Nous avons observé que les facultés latentes de l'être humain qualifiées de "para-normales" dans le meilleur des cas et d'impossibles dans la plupart des cas, sont en fait très présentes et actives dans l'état de rêve. Par ailleurs, le travail d'observation simultanée du rêve et de la réalité a pour effet d'activer ces facultés en l'état éveillé de manière simple, sans danger et accessible à tout le monde.
3. Nous avons observé que le développement de telles facultés est lié au potentiel énergétique des personnes. Le travail d'observation du processus onirique permet

d'augmenter ce potentiel pour de multiples raisons. Il permet de régler des problèmes psychologiques, de prendre conscience des atteintes diverses à l'énergie psychique et d'apprendre à y remédier. Il permet aussi de mieux connaître nos propres mécanismes de recharge énergétique.

4° Nous avons pu observer que notre mémoire est beaucoup plus étendue que ce que nous pouvons imaginer et que nous avons une forme de conscience beaucoup plus développée que la conscience de l'état de veille. C'est cette conscience, que nous avons appelée "*grande conscience*", qui semble à travers le processus onirique programmer notre cerveau pour les activités de veille. Cette programmation est effective que nous ayons ou non gardé le souvenir de nos rêves. Chacun peut se rendre compte à travers l'observation de ses rêves et de sa réalité, que nous ne vivons pas la vie dans le sens communément admis. Ce n'est pas l'esprit conscient qui nous dirige dans l'existence, mais notre *grande conscience*. C'est elle qui crée sur un plan énergétique invisible les conditions de la manifestation ultérieure d'événements de notre vie réelle. Cela nous a permis de comprendre pourquoi une des fonctions essentielles du rêve est de préparer le futur proche ou immédiat.

5° Nous avons pu prendre conscience du fait que les émotions, les couleurs, les images, les sentiments et les rêves sont beaucoup plus porteurs d'énergie psychique que toutes les activités rationnelles de l'esprit. Nous avons alors compris pourquoi les mythes et les symboles étaient si importants pour tous ceux que nous avons coutume de considérer comme des primitifs parce qu'ils se sont davantage intéressés à la richesse énergétique qu'à la richesse matérielle.

Lorsque l'humanité s'éveillera, il est fort à parier que les "primitifs" du futur seront nos élites d'aujourd'hui qui n'auront pas su se libérer du mythe de la "raison pure".

REPONSES AUX QUESTIONS FRÉQUEMMENT POSÉES

1: Pourquoi est-ce que je ne rêve pas?

Il est scientifiquement admis que tout le monde, sauf atteinte grave à l'intégrité du cerveau, rêve. Le rêve est nécessaire à la bonne santé physique et psychologique. Il est assez facile aux personnes qui pensent qu'elles ne rêvent pas[lxi] de réactiver la mémoire des rêves. Si vous avez des problèmes pour vous souvenir de vos rêves, à défaut de rêves notez vos impressions le matin au réveil, votre état émotif. Vous sentez-vous triste, joyeux? Notez les pensées qui vous viennent à l'esprit dès que vous avez ouvert les yeux. Bien sûr, si vous vous réveillez avec un radio-réveil qui hurle "bonjour Simone" alors que ce n'est pas votre prénom, votre cerveau sera immédiatement occupé à réfléchir à ce changement inattendu d'identité. De même, si à peine réveillé vous précipitez mentalement ou physiquement sur les activités de la journée, vous aurez bien peu de chances de récupérer quelques bribes de rêves. Normalement, il suffit de s'intéresser aux rêves pour mieux s'en souvenir. La mémoire des rêves s'améliore très rapidement lorsqu'elle est sollicitée et j'ai remarqué aussi que simultanément c'est la mémoire des événements de la journée qui se trouve aussi améliorée. A l'inverse, si vous améliorez votre mémoire dans la réalité, cela ne peut que rejaillir aussi sur la mémoire des rêves. Si vraiment, vous ne parvenez pas par un moyen ou un autre à vous souvenir de vos rêves, vous pouvez penser à utiliser l'effet d'entraînement qui émane d'autres personnes qui rêvent beaucoup et se souviennent de leurs rêves. Passer du temps auprès de telles personnes relancera votre propre "mécanique onirique". Faites-en l'expérience, nous nous communiquons beaucoup plus de choses que ce que nous pouvons imaginer. Avant de demander une aide extérieure, vérifiez que vous dormez suffisamment. En effet, si vous êtes trop fatigué et ne dormez que le strict temps nécessaire à votre récupération physique, vous aurez peu de chances d'avoir une bonne mémoire de vos rêves. Si tel est votre cas, essayez d'allonger votre temps de sommeil. Avant de vous endormir, vous pouvez aussi vous demander à vous même de rêver et de vous souvenir de vos rêves. Cela fonctionne très bien. Vous pouvez aussi manger plus légèrement le soir ou changer de chambre. D'autres moyens ont été proposés dans les ouvrages sur les rêves en voici quelques uns (que je n'ai pas testés):

Dans un livre sur le yoga des rêves: il est conseillé de laisser entrer plus d'air et ou de lumière à l'endroit où vous dormez; de visualiser une boule rouge au niveau du chakra de la gorge; ou une perle blanche sur le front.[lxii]

Dans un livre sur le rêve lucide: il est conseillé de prendre un supplément de vitamine B6 et d'utiliser de la noix de muscade dans vos préparations culinaires. Ce livre conseille aussi l'usage d'un coussin empli d'armoise (*artemisia vulgaris*) ou l'utilisation de l'huile essentielle de sauge qui a des propriétés hypnotiques. Cette huile ne doit pas être utilisée lorsque vous avez ingéré de l'alcool ou en même temps que le coussin rempli d'armoise. En outre, ce coussin ne doit pas être utilisé par les femmes enceintes, car cette plante contient un composant susceptible de favoriser les fausses couches.[lxiii]

Dans un livre sur le décodage des rêves écrit par une psychologue[lxiv]: nous pouvons lire que la motivation est extrêmement importante, qu'une nourriture lourde et grasse, le tabac, l'alcool et les tranquillisants doivent être évités. L'auteur signale aussi le problème du réveil matin, qui en vous réveillant brusquement vous fait oublier vos rêves. Pour s'aider, le livre conseille la méthode du verre d'eau. Voilà en quoi cela consiste: le soir vous mettez un verre d'eau sur votre table de nuit et avant de vous endormir vous en buvez un peu, tout en vous disant que le lendemain, lorsque vous boirez le reste, vous vous ressouviendrez de vos rêves. L'auteur cite en outre quelques élixirs floraux qui peuvent vous aider, (mûre, myosotis, oranger, pommier). Elle écrit que l'élixir Chaparral des laboratoires Deva aide à[lxv] la réémergence d'émotions réprimées. Elle mentionne aussi les remèdes floraux du Dr BACH. Tous ces remèdes floraux, sans effets secondaires, peuvent vous être très utiles, toutefois ils ne sont pas absolument nécessaires. Vous rêvez naturellement et vous pouvez vous souvenir tout aussi naturellement de vos rêves.

Dans un livre sur la créativité onirique: il est conseillé de rester immobile les yeux fermés lorsqu'on se réveille et d'essayer de se souvenir des rêves. Il est alors conseillé de changer la position de votre corps dans le lit. Le changement de position corporelle provoque souvent l'émergence de souvenirs de rêves. Ce conseil est donné par Patricia GARFIELD dans son livre *Creative Dreaming*.[lxvi]

2: Je fais des cauchemars, pourquoi? comment les éviter?

Tout le monde fait des cauchemars. Il s'agit d'une expérience très désagréable et parfois nocive pour la santé à cause du stress qu'elle provoque. Pour comprendre pourquoi vous avez des cauchemars, il faut bien observer ce phénomène lorsqu'il vous arrive. De quoi rêvez-vous? quelles sont les émotions qui vous traversent? Qu'avez-vous fait la veille? Où êtes-vous allés? Qui avez-vous rencontré? etc... Comprendre la cause de vos cauchemars vous permettra souvent d'en éviter la répétition. Les cauchemars sont provoqués par diverses causes qui peuvent être d'ordre physique, énergétique ou psychologique. Ils peuvent aussi résulter d'un mélange de diverses causes ou d'un esprit conscient trop rigide face au symbolisme de votre monde onirique. Dans le cas des cauchemars, le travail d'observation simultanée du rêve et de la réalité présente une grande utilité. Il s'agit parfois du seul moyen à votre portée pour expliquer un certain nombre de cauchemars qu'aucune autre approche ne permet d'expliquer. Voici quelques une des causes les plus fréquentes des cauchemars:

Causes physiques liées au corps et à sa santé: une mauvaise digestion, une mauvaise posture de sommeil, une gêne physique ou respiratoire pendant le sommeil, une douleur ou la maladie, un trop grand état de stress au coucher peuvent occasionner des cauchemars.

Causes physiques liées à l'environnement: des prises d'électricité défectueuses, une ligne électrique à haute tension à proximité de votre habitation, un endroit trop chaud ou trop froid, une pièce mal aérée, la proximité d'appareils électriques, un lit mal disposé par rapport aux forces d'énergie des lieux, la ou les personnes qui dorment à proximité de vous (vous pouvez capter leurs propres cauchemars ou bien le cauchemar peut vous montrer de façon caricaturale qu'il y a un échange énergétique entre vos deux corps en votre défaveur).

Causes psychologiques: les cauchemars dus à des problèmes psychologiques sont très intéressants à noter et à étudier en relation avec la réalité. En travaillant simultanément sur le rêve et la réalité vous disposerez de puissants indices qui vous permettront de remonter à la source du problème bien souvent enfoui et oublié par l'esprit conscient et de débloquer les énergies qui lui sont liées. Selon les travaux de la psychologie moderne, il existerait aussi un héritage psychologique transgénérationnel. Ce qui signifie que des cauchemars peuvent être dus à des problèmes qui se transmettent de génération en génération et qui peuvent être soit des injustices familiales ou encore des traumatismes de violences subies. Anne ANCELIN SCHÜTZENBERGER, psychothérapeute et groupe-analyste a pu vérifier à travers sa pratique professionnelle l'existence d'une sorte d'hérédité psychologique que Freud qu'elle cite[lxvii] en ces termes appelait "l'hérédité archaïque": "L'hérédité archaïque de l'homme ne comporte pas que des prédispositions, mais aussi des contenus idéatifs des traces mnésiques qu'ont laissées les expériences faites par les générations antérieures" (FREUD Sigmund, *Moïse et le monothéisme*, 1939, Gallimard, Poche, Collection Idées, 1948, p. 134). Dans son ouvrage très intéressant intitulé *Aïe mes aïeux!* Anne ANCELIN SCHÜTZENBERGER, donne de nombreux exemples tirés de son expérience qui démontrent l'existence de liens psychologiques transgénérationnels. Pour ce qui concerne les cauchemars, de nombreux exemples sont cités et concernent les descendants de personnes ayant subi des événements traumatisants, que ces événements aient été ou non consciemment connus des personnes qui font ces cauchemars. Elle écrit [lxviii]

> "On constate en clinique la transmission transgénérationnelle de traumatismes graves non parlés -ou dont le deuil n'a pas été fait- comme de traumatismes de guerre (gaz, noyades ou quasi-noyades, tortures, viols - blessant un parent ou son frère ou un camarade de guerre).
> Rien de ce que nous connaissons au point de vue psychologique, physiologique ou neurologique ne permet de comprendre

> comment quelque chose peut tracasser des générations de la même famille."

La solution qu'elle propose dans le cas de tels cauchemars est une psychothérapie qui consiste à rechercher ce qui s'est passé dans l'histoire familiale à rendre le problème conscient de manière à pouvoir le traiter comme il se doit, par le pardon ou par l'oubli, afin d'en éviter les désagréments transgénérationnels.

Cauchemars "réels": Ces cauchemars sont dus au fait que des informations effrayantes ou choquantes sont captées par la *grande conscience.* Par exemple, si vous dormez dans une pièce où a eu lieu un crime vous pouvez vivre l'événement qui s'est produit là sous forme de cauchemar vous concernant. Certains lieux provoquent des cauchemars, car ils sont marqués par des événements cauchemardesques qui y ont eu lieu, même depuis un certain temps. Dans ce cas, il faut procéder à un nettoyage complet des lieux au plan physique et au plan psychique pour en changer l'atmosphère. Si ces lieux vous font toujours faire des cauchemars, il vous reste à déménager vers un endroit plus sain pour vous. Par ailleurs, les cauchemars réels peuvent être provoqués selon l'approche chamanique des rêves par des intrusions et des attaques psychiques pendant le sommeil. Il est préconisé de prendre des mesures de protection psychiques tout comme nous prenons des mesures de protection physiques pour lutter contre l'intrusion d'inconnus "psychiques" dans nos logements.[lxix]

Les "faux" cauchemars: Un certain nombre de cauchemars sont dus à l'étroitesse de l'esprit conscient qui est parfois actif dans l'état de rêve et peut soulever des émotions telles que la frayeur, la panique, ou la honte lorsque défilent les images naturelles du monde onirique qui ne sont pas soumises aux préjugés culturels. Par exemple, une personne sexuellement bloquée pourra être choquée par certains de ses rêves symboliques présentant des scènes pornographiques ou incestueuses. Ces rêves seront alors vécus par la personne comme des cauchemars, alors qu'il s'agissait fondamentalement de rêves symboliques très positifs. Pour éviter ce genre de "faux cauchemars" il est important d'assouplir l'esprit conscient et de le rendre plus tolérant au monde onirique. Le travail d'observation simultanée du rêve et de la réalité est un excellent moyen d'y parvenir. En effet, comme il faut noter tous les rêves sans les juger, vous noterez aussi malgré vos réticences tous les rêves qui vous paraissent désagréables. En agissant ainsi vous développerez un esprit conscient plus neutre, plus observateur et plus tolérant dans l'état de rêve. Ce qui vous évitera ce type de cauchemar.

Comment vous débarrasser de vos cauchemars:

Les anciens Grecs racontaient leurs mauvais rêves au Soleil dont la lumière était censée détruire les effets des mauvais présages et aussi les mauvais esprits.[lxx] Tandis que dans certains pays africains on se débarrasse des mauvais rêves en les jetant symboliquement à la poubelle.[lxxi] Dans un cas comme dans l'autre, cela peut fonctionner si votre esprit y croit, mais vous ne saurez jamais en agissant ainsi pourquoi vous avez de mauvais rêves ou des cauchemars. Pour mieux se débarrasser des cauchemars, il faut tout d'abord déterminer leur cause par voie d'élimination. Si elle est purement matérielle, il plus facile de s'en débarrasser en prenant les mesures nécessaires dans la vie réelle qu'en essayant de contrer ses ennemis directement dans le rêve. Faire face à son adversaire dans le rêve est une attitude préconisée par certains auteurs qui conseillent de faire comme les Sénoïs, un peuple de Malaisie. Les Sénoïs, lorsqu'ils ont un cauchemar font face à leur adversaire dans le rêve. Ils lui demandent, une fois soumis de leur offrir un cadeau. D'autres auteurs ont témoigné qu'avoir fait face aux agresseurs oniriques a été très bénéfique pour eux, d'un point de vue psychologique. En revanche, certains auteurs conseillent de fuir le monde onirique lorsqu'il devient hostile, en se réveillant dans la sécurité du monde matériel. Comme vous le constatez, il n'y a pas d'unanimité sur la question des cauchemars. Nous avons encore beaucoup à apprendre sur ce phénomène pourtant très banal. Pour le moment, nous pouvons dire que les cauchemars donnent lieu à des émotions très désagréables: frayeur, angoisses insoutenables, tristesse etc... L'homéopathie -étant un moyen très efficace et sans effets secondaires pour soigner l'émotionnel- est intéressante dans le domaine des cauchemars récurrents. A l'inverse, les cauchemars et les émotions qu'ils mettent en scène sont une clef pour trouver les remèdes homéopathiques aux malaises physiques que vous ne pouvez pas expliquer. Pourtant, peu d'homéopathes pensent à demander à leurs patients de raconter quelles émotions fortes ils vivent dans leurs rêves. Ils se contentent seulement de la réalité qui est sur ce plan bien moins riche d'informations. Par exemple, vous pouvez avoir un malaise physique qui résiste à toute médication. Ce malaise peut être dû à un traumatisme émotionnel non exprimé dans l'état de veille, mais exprimé uniquement dans des cauchemars récurrents. Par exemple, lorsque j'avais deux ou trois ans j'avais très peur de traverser des ponts de bois lorsqu'il y avait des interstices à travers les planches. Dans mon enfance, j'appris à surmonter ma peur en me forçant à concentrer mon attention ailleurs que sur ces interstices. Si bien, que plus tard je n'avais plus du tout peur dans la réalité de traverser ce genre de pont. Beaucoup plus tard, dans ma vie adulte, j'eus des problèmes digestifs dont je ne pouvais déterminer la cause. En observant les rêves et la réalité, je pus constater que ces désordres digestifs se manifestaient lorsque j'avais des cauchemars de traversée de ponts. Il existe un remède homéopathique pour ce type de vertige. La prise de ce remède m'a permis de soigner mes problèmes digestifs et de supprimer ce cauchemar récurrent. Il est important de comprendre les cauchemars récurrents pour deux raisons essentielles. La première est qu'avec le temps ils peuvent affecter des fonctions organiques. La deuxième est que sous le cauchemar il y a une forte charge énergétique et informationnelle dont nous pourrions tirer parti. Soigner les émotions et régler le problème des cauchemars entraîne une amélioration des problèmes physiques qui leur sont liés, de manière évidente ou non. Ce n'est pas par hasard qu'existe, par exemple, l'expression “avoir la peur au ventre”. Si vous faites des cauchemars récurrents pleins d'un intense sentiment de peur, vous développerez tôt ou tard un problème de santé dans le ventre. L'inverse est aussi vrai, les problèmes de santé dans le ventre au sens large (par exemple une difficulté pour digérer un plat trop lourd) peuvent provoquer des cauchemars effrayants.

Le stress et les cauchemars:

Vous pourrez constater à travers l'observation de votre processus onirique qu'un stress intense dans la vie éveillée continue en rêve sous forme de cauchemars. Ces cauchemars à leur tour augmentent votre état de stress dans la vie réelle. Dans ce cas, il faut apprendre à se relaxer et utiliser les nombreux moyens qui sont aujourd'hui à notre portée pour lutter contre le stress: homéopathie, remèdes floraux, tisanes, techniques de relaxation, aromathérapie, yoga, etc...

3: Comment puis-je interpréter mes rêves?

Au début, contentez-vous de prendre des notes sur le rêve

et sur la réalité, ne cherchez pas à interpréter vos rêves. En faisant ce travail, vous vous préparez à mieux comprendre votre propre langage symbolique. Vous améliorez la communication entre votre *grande conscience* et votre esprit conscient. L'amélioration de cette communication entraîne une amélioration de la circulation énergétique dans votre corps. Vous verrez après un certain temps que les mêmes symboles oniriques apparaissent en relation avec une même réalité et cela vous permettra de déduire le sens précis de vos propres symboles oniriques. De plus, vous observerez que certains rêves n'ont pas du tout besoin d'interprétation: ils sont très clairs. D'autres rêves ne peuvent s'expliquer qu'en rapport avec votre environnement. Si néanmoins un nouveau thème onirique apparaît dans vos rêves et que vous ne souhaitez pas attendre pour connaître le sens de ces rêves, vous pouvez vous aider de tous les conseils qui ont été donnés par de nombreux auteurs, la plupart du temps psychologues, pour interpréter vos rêves. Vous pouvez utiliser par exemple la technique de l'interview de Gale DELANEY.[lxxii] Robert MOSS propose, quant à lui, d'entrer à nouveau dans les rêves et de les revivre.[lxxiii] Surtout ne vous fiez pas aux dictionnaires des rêves ou autres clefs des songes pour vous aider, ils ne feront que vous induire en erreur et vous angoisser. Ils sont chargés d'une bonne dose de superstition et sont parfois très négatifs. Chaque personne a son propre langage onirique. Seul un travail personnel en profondeur vous permettra de décrypter votre propre code onirique pour pouvoir vous en servir. Vous verrez qu'au cours de votre existence vos symboles oniriques restent relativement stables. Ce qui signifie que vous apprendrez le maximum de votre langage onirique dans les premières années de votre travail. Vous apprendrez par la suite de temps en temps d'autres nouvelles significations symboliques lorsque de nouveaux symboles liés à de nouvelles situations réelles se présenteront. Cela peut être comparé à l'apprentissage de la langue maternelle. Nous apprenons l'essentiel dans nos premières années. D'une manière générale, j'ai remarqué que la *grande conscience* est très liée à la nature et que de nombreux symboles peuvent être compris par référence à la nature et à son fonctionnement. Par exemple, dans un rêve, une plante qui pousse signifie la croissance de quelque chose dans votre psyché ou parfois dans votre porte-monnaie ou dans vos sentiments. L'eau qui donne la vie est souvent synonyme d'énergie, et des fuites d'eau montrent au rêveur ses fuites énergétiques, etc... A ce point de vue, un dictionnaire des symboles est un bon instrument de travail. En langue française, vous pouvez utiliser le *Dictionnaire des Symboles*, de Jean CHEVALIER et d'Alain GHEERBRANT.[lxxiv] En dernier lieu écoutez votre intuition et prêtez une grande attention aux émotions ressenties dans le rêves. Elles sont déterminantes dans la compréhension du sens d'un rêve.

4: Qu'est-ce qu'un rêve lucide?

Dans l'état de rêve, tout comme dans la réalité, nous pouvons apprendre à vivre les événements qui nous arrivent de manière plus consciente. Au lieu de subir passivement les événements, nous pouvons en prendre le contrôle. Par exemple, si quelqu'un nous agresse, au lieu de subir cette agression nous pouvons décider par exemple d'attaquer, de fuir, de demander du secours etc... La technique du "rêve lucide" est employée depuis très longtemps par les Tibétains ou par les chamans d'Amérique. Cette technique connaît un regain d'intérêt et a attiré l'attention du public américain, notamment, grâce aux succès de librairie de Carlos CASTANEDA et aux travaux de Stephen LABERGE. Carlos CASTANEDA prétendait avoir reçu d'un sorcier des enseignements sur "l'art de rêver" de manière lucide. A travers ses nombreux livres il a transmis cet enseignement dont l'objectif est spirituel. Stephen LABERGE, dans son laboratoire de Californie, a étudié le rêve lucide de manière plus systématique et a inventé des dispositifs techniques qui permettent d'induire la lucidité dans les rêves. Ici, la technique du rêve lucide est étudiée pour elle-même, pour la curiosité, pour le plaisir, pour faire des expériences impossibles dans la réalité, comme voler dans l'air et pour changer le cours des rêves qui nous déplaisent tels les cauchemars. La prédominance de l'esprit conscient dans le rêve lucide est telle que nous pouvons nous demander s'il s'agit toujours de rêves? Et si oui, s'il est souhaitable que l'esprit conscient avec toutes ses limitations prenne le contrôle du processus onirique? Bien que la technique du rêve lucide soit très intéressante, nous pensons qu'elle ne doit pas être systématiquement mise en oeuvre. Par exemple, utiliser cette technique pour changer le cours d'un cauchemar provoqué par l'environnement physique du dormeur n'est vraiment pas souhaitable pour le dormeur. Concrètement, si par exemple une prise électrique défectueuse provoque des cauchemars, il vaut mieux que l'esprit conscient laisse le cauchemar se dérouler pour en recevoir le message qui lui permettra de prendre les mesures qui s'imposent dans la réalité pour éviter de tels cauchemars à l'avenir. Sans rejeter cette approche qui peut s'avérer utile dans certains cas particuliers, il conviendrait de mieux comprendre ce qu'est le phénomène onirique et comment le rêve étend son réseau invisible entre tous les êtres humains. Un rêveur n'est jamais un être isolé.[lxxv] Ses rêves ont un lien direct avec sa réalité et celle des êtres qu'il côtoie. Bien qu'elle puisse se produire spontanément et qu'elle devienne naturellement plus fréquente au cours du travail d'observation du processus onirique, la lucidité onirique est la plupart du temps le résultat d'un entraînement et de l'utilisation de techniques bien précises. Dans le yoga des rêves tibétain, la lucidité est le résultat d'une élévation spirituelle préalable et de la pratique d'exercices spirituels. Elle est surtout recherchée et pratiquée pour s'initier au passage de la mort.[lxxvi] La lucidité onirique, très en vogue aux Etats-Unis, est appréciée par les onironautes modernes essentiellement pour le dépassement des contraintes matérielles qu'elle permet: voyages lointains, spectacles grandioses, sexualité libre. Malgré cet engouement, certains auteurs ont rappelé que les rêves "naturels" sont très riches d'enseignements et qu'à vouloir trop contrôler les rêves nous pouvons passer à côté de notre vie intérieure.[lxxvii] Si le rêve lucide vous intéresse voyez la bibliographie à ce sujet et les sites internet consacrés à cet aspect de la vie onirique. Mais avant de vous lancer dans l'aventure, apprenez d'abord à connaître le terrain en faisant l'expérience de l'observation la connexion entre vos rêves et votre réalité. Pour ma part, je cherche très peu à diriger mes rêves avec mon esprit conscient. Je préfère, lorsque je suis consciente dans mes rêves, les choix bien plus sages et inattendus que fait ma *grande conscience.*

5: Le corps peut-il capter des informations en dehors de son environnement immédiat?

Oui le corps capte en permanence des informations provenant de son environnement immédiat et d'ailleurs. Robert MOSS a aussi remarqué ce phénomène et parlé de l'existence de ce qu'il a appelé un "Internet psychique" (the psychic Internet). Dans l'état de rêve, de même que dans la réalité, nous sommes capables de capter des informations en provenance de lieux parfois très lointains. C'est un phénomène naturel très courant. Par exemple, les insectes peuvent percevoir grâce aux hormones qu'ils émettent des partenaires sexuels très éloignés dans l'espace et se déplacer dans leur direction. Au niveau psychique la loi d'attraction par affinité (ce qui se ressemble s'assemble) joue un rôle majeur dans la captation d'informations provenant de lieux éloignés. Votre environnement immédiat et votre propre sphère informationnelle vont "colorer" et parfois déformer les informations que vous captez au loin. Certains types d'informations et d'énergies vont être attirés par vous en fonction de vos centres d'intérêts et de votre niveau d'énergie. Par ailleurs, de nombreuses traditions spirituelles ont mentionné le fait que lorsque nous dormons nous pouvons sortir de notre corps, voyager, rencontrer des gens et régler des affaires, etc... Vous pourrez vérifier cela par vous même à travers l'observation du processus onirique. Lorsque ce phénomène se produit, vous pourrez remarquer que bien que vous soyez hors de votre corps, celui-ci reste actif et vous continuez à en recevoir toutes les informations. Des chercheurs modernes ont exploré le domaine de la sortie hors du corps. Il existe des livres très intéressants à ce sujet où sont expliquées des méthodes pour sortir de son corps volontairement à partir de l'état de veille. Mais ici, nous sortons du thème du rêve pour entrer dans un autre domaine lui aussi mentionné et pratiqué par divers ordres spirituels. Certains auteurs estiment ces pratiques dénuées de tout danger, mais ce n'est pas le cas de tous les auteurs. Je trouve toutes ces recherches sur les sorties hors du corps à l'état de veille très passionnantes. Mais, personnellement, je préfère rester dans mon corps lorsque je suis réveillée, c'est plus pratique pour écrire. Avec mon corps et mon esprit qui fonctionnent en même temps, je bénéficie de la synergie entre le monde matériel et le monde immatériel.

BIBLIOGRAPHIE
Ouvrages récents sur les rêves:

Approche chamanique:
MOSS Robert, *Dreaming True, How to Dream Your Future and Change Your Life for the Better*, New York, Pocket Books, 2000.
www.mossdreams.com

Approche yogique:
NORBU, NamKhai, *Le Yoga du Rêve*, Paris, J.L. Accarias, 1993, collection L'originel, traduction de l'anglais par Gisèle Gaudebert.
Dans le tantra du rêve l'objectif est la préparation au passage de la mort. Cette approche déconseille de s'appesantir sur l'analyse des rêves et sur les phénomènes tels que la télépathie ou la connaissance du futur qui surviennent pendant l'état de rêve. Elle affirme que le développement de la conscience conduit à la suppression totale des rêves.

Approche psychologique:
DELANEY Gale, *All About Dreams, Everything You Need to Know About Why We Have Them, What They Mean, and How To Put Them to Work for You,* New York, HarperCollins, HarperSanfrancisco, 1988. Approche psychologique ouverte des rêves. Il s'agit d'un ouvrage très complet qui fait l'inventaire de toutes les théories sur le rêve depuis l'antiquité et à travers le monde. L'étude exhaustive et critique de l'histoire de l'approche psychanalytique des rêves est très intéressante.
Site Internet: www.GDELANEY.COM

Elle est la fondadrice de The Association for The Study of Dreams, www.outreach.org/gmcc/asd.

SALVATGE Geneviève, *Décodez vos rêves*, Paris, Presses Pocket, 1992

Approche religieuse du rêve:

KELSEY Morton, *Dreams: A Way to Listen to God*, New York/Mahwah, Paulist Press, 1989
Ce livre écrit par un pasteur à l'esprit ouvert, est très intéressant en raison de la critique de l'attitude de l'église chrétienne au cours de l'histoire vis-à-vis du rêve. Il est aussi très intéressant pour ses exemples de rêves qui annoncent la mort.

Approche par techniques de contrôle des rêves, rêves lucides:

LABERGE Stephen and RHEINGOLD Howard, *Exploring the World of Lucid Dreaming*, New York, Ballantine Books, 1992.

LABERGE Stephen, *Le rêve lucide: le pouvoir de l'éveil et de la conscience dans vos rêves*, (traduction de *Lucid Dreaming*), île Saint-Denis, Editions Oniros, 1991.

DEVEREUX Paul and DEVEREUX Charla, *The Lucid Dreaming Book, How to awake within, control and use your dreams*, Boston, Tokio, Journey Editions, 1998.

CASTANEDA Carlos, *L'art de rêver*, Paris, Pocket

Age d'être, 1996.
Approche scientifique, biologique du rêve:
Pour la France, voir le site de l'Université de Lyon 1 : http://sommeil.univ-lyon1.fr/index_f.html

JOUVET Michel, *Le sommeil et le rêve*, Paris, O. Jacob, 2000.

WOODS Ralph L. and GREENHOUSE Herbert B., Editors, *The New World of Dreams*, New York, Macmillan Publishing Co, inc., 1974.
Vous trouverez dans ce livre de nombreux articles écrits par des scientifiques qui ont étudié le sommeil, ses cycles, les effets des drogues, médicaments, alcool et excitants sur le processus onirique, les effets de la privation de sommeil chez l'homme et l'animal, ou la privation du cycle REM du sommeil.

Pour une synthèse des nombreuses approches des rêves:
GARFIELD Patricia L., *La créativité onirique, Du rêve ordinaire au rêve lucide*, (Titre original: *Creative Dreaming*), Paris, J'ai Lu, 1974.

COXHEAD David et HILLER Susan, *Les rêves visions de la nuit*, Paris, Seuil, 1976 (traduction de: *Dreams, Visions of the Night*).

Auteurs anciens et littérature "classique" sur les rêves:

ARISTOTE, *La Vérité des songes, De la divination dans le sommeil*, (Parva naturalia 462 b - 464 b),

traduit du grec et présenté par Jackie Pigeaud, Paris, Rivages Poche, 1995
ARTEMIDORE, *la Clef des Songes, Onirocritique*, Traduit du grec et présenté par Jean-Yves BORIAUD, Paris, Editions Arléa, 1998

FREUD Sigmund, *Sur le rêve,* Paris, Gallimard, 1988. (traduction de Über Den Traum, écrit en 1901).

JUNG Carl Gustav, *Souvenirs, rêves et pensées,* Paris, Gallimard, 1973.

D'HERVEY DE SAINT-DENYS, Marie Jean Léon (1822-1892: un précurseur dans ce domaine), *Les rêves et les moyens de les diriger*, Île Saint-Denis, Editions Oniros, 1995. Cet ouvrage contient les observations de l'auteur sur ses propres expériences de lucidité onirique.

Associations, instituts et sites Internet sur les rêves

Observation: il existe beaucoup plus de sites en anglais qu'en français. Les sites anglophones sont la plupart du temps plus en avance et plus ouvert à tous les courants d'opinions sur les rêves.

http://www.cgjungpage.org
http://www.users.skynet.be/reves/index.htm (site jungien en français)
http://www.pages.infinit.net/aum/ (site jungien en français)
http://www.membres.lycos.fr/jmcmed/reves (interprétation des rêves en français)

http://www.dreamdoctor.com
http://www.Dreamtree.com
http://members.tripol.com/enchantco/dreamchat/id2.htm
chat@asdreams.org (groupe de discussion sur les rêves
dreamchatters@yahoogroups.com list
http://www.yahoogroups.com/group/dreamchatters for more info
http://www.dreamgate.com/electric-dreams
The Association for the Study of Dreams ADS :http://www.asdreams.org (créée par Gale DELANEY, psychologue)
http://www.lucidity.com (sur les rêves lucides)
http://fly.to/thedreampage (les gens y racontent leurs rêves)

Ouvrages sur des expériences scientifiques destinées à prouver l'existence de la télépathie dans les rêves, en état d'hypnose et pendant la veille

WOODS Ralph L. and GREENHOUSE Herbert B., Editors, *The New World of Dreams*, New York, Macmillan Publishing Co, inc., second printing 1974, p. 273 et ss et p. 405 et ss.

DOSSEY, Larry, *Reinventing Medicine: Beyond Mind-Body To A New Era Of Healing*, New York, Haper Collins, 1999 relate dans ses premiers chapitres toutes les expériences scientifiques réalisées aux Etats-Unis parfois par des institutions prestigieuses comme l'universite d'Harvard, à

Boston.

FERGUSON, Marilyn, *La révolution du cerveau*, Paris, J'ai Lu, 1973, titre original: *The Brain Revolution*.

[i] Si vous souhaitez approfondir votre connaissance dans le domaine du droit romain, vous pouvez vous reporter à mes ouvrages plus détaillés sur le sujet, mais néanmoins faciles à lire pour les profanes *Cf. L'Intemporelle sagesse de l'ancien droit romain*, Innovative Justice, Paris, 1995, Innovjustice@aol.com.

[ii] Sur le concept de *persona* dans l'ancien droit romain voir mon ouvrage: *La sagesse de l'ancienne Egypte pour l'Internet,* Paris, L'harmattan, 2002. Sur la notion de personne dans les divers courants de la philosophie de l'Antiquité jusqu'à nos jours cf. TZITZIS Stamatios, *Qu'est-ce que la personne*? Paris, Armand Colin, 1999.

[iii] Pour une critique d'une approche trop étroite de l'étude du rêve voir BOSS Médar, "The Dreamer Lives in a Real World", in Ralph L. Woods and Herbert B. Greenhouse, Editors, *The New World of Dreams*, New York, Macmillan Publishing Co, inc., second printing 1974, pp. 223-227, spécialement p. 227.

[iv] Sören KIERKEGAARD, *Traité du désespoir*, Traduit du danois par Knud FERLOV et Jean-Jacques GATEAU, Paris, Gallimard, Folio Essais, 1949, p. 61; *cf.* également p. 87 et p. 89: "Le moi est formé d'infini et de fini ".

[v] Sur la photographie Kirlian voir notes n° 23 et 24.

[vi] Pour une présentation synthétique de l'acupunture chinoise et de sa philosophie, CHANH Docteur Tran Tien, *L'acupuncture et le Tao*, Meudon, Editions Partage, 1988.

[vii] Informations tirées de l'ouvrage de CHANGEUX Jean-Pierre, *NEURONAL MAN, The Biology of Mind*, New York, Oxford, Oxford University Press, 1986, p. 60. Voir sur l'utilisation de l'électro-encéphalographe pour les expériences en laboratoire sur le rêve: Ralph L. Woods and Herbert B. Greenhouse, Editors, *The New World of Dreams*, New York, Macmillan Publishing Co, inc., second printing 1974, p. 278. Il permet de mesurer les variations de potentiel électrique du cerveau.

[viii] Sur les appareils commercialisés actuellement voir: www.auracamera.com.

[ix] Selon Georges HADJO, les recherches en électrographie ont commencé dès 1900 et Semyon KIRLIAN n'était pas au courant des résultats de ses prédécesseurs: CARSTEN en Angleterre et Henri BARADUC et Lodko NARKIEWIEZ à Paris en 1896. *Cf.* son intéressant article sur ce sujet: "L'effet Kirlian", in *Bio Contact*, Gaillac, France, n° 112, Mars 2002, biocontact@wanadoo.fr. *Cf.* LINDGREN C. E. (Editor), *Capturing the Aura: Integrating Science, Technology and Metaphysics*, Blue Dolphin Pub, June 2000; KRIPPNER Stanley and RUBIN Daniel, *Kirlian Aura*, Garden City. N.Y., Doubleday & Co, 1974, en français: Stanley KRIPPNER, Daniel RUBIN, *L'effet Kirlian*, Paris, Sand, 1985. *The Human Aura in Acupuncture and Kirlian Photography* (Social Change Series), By

Acupuncture, and Western hemisphere Conference on Kirlian Phtotography, Gordon and Breach Science Pub; 1974.

[x] Des clairvoyants et des guérisseurs prétendent voir l'aura et déterminer selon les couleurs qu'elle contient l'état de santé des personnes. C'est très intéressant, mais je pense que les rêves sont un moyen beaucoup plus accessibles que la lecture d'auras. Les rêves ont l'avantage de nous signaler les problèmes alors que nous n'y pensons même pas et avec eux nous n'avons pas besoin de faire appel à d'autres personnes pour lire notre aura, nous sommes indépendants. Voir sur ce sujet: Barbara Ann BRENNAN, *Hands of Light, A Guide to Healing Through the Human Energy Field*, New York, Bantam books,1988.

[xi] Démocrite pensait que nous captons à travers les pores les images émises par les objets et par les personnes et que ces images transportent des émotions. (voir J.P. DUMONT, *Les Présocratiques*, Paris, Pléïade, Folio Essai, 1988, p. 542, cité par Jackie PIGEAUD dans les commentaires de la traduction de *La Vérité des songes* d'ARISTOTE, *op. cit.*

[xii] Les anciens ne nous ont pas laissé d'études exhaustives de l'interaction matière-immatériel au cours du processus onirique. Ils étaient trop tournés vers la divination et l'interprétation des rêves à des fins pratiques. Il semble de plus que les auteurs, tout comme les autres personnes, négligeaient leur propre auto-observation onirique. Aristote ne semble pas avoir une grande connaissance intime de ce

phénomène. Quant à Artémidore très connu pour son Onirocritique (Artémidore, *la Clef des Songes, Onirocritique*, Traduit du grec et présenté par Jean-Yves BORIAUD, Paris, Editions Arléa, 1998), l'introspection ne semble pas avoir été à la base de son expérience. Celle-ci écrit-il, il l'a forgée par le voyage p. 14 "en produisant des faits d'expérience, ainsi que des preuves d'accomplissement". Il écrit (p. 14):

"Pour ma part, il n'est livre d'exégèse onirique que je n'aie acquis, mettant dans cette recherche toute mon ambition; mais, bien que soient décriés les devins des places publiques, dénoncés comme charlatans, imposteurs et bouffons par les gens à la mine grave et au sourcil hautain, méprisant à mon tour ces calomnies, je les ai fréquentés pendant des années, dans les villes grecques, lors des panégyries, en Asie et en Italie, et dans les îles les plus grandes et les plus peuplées, endurant le récit des rêves d'autrefois et de leurs accomplissements, seul moyen de s'exercer suffisamment dans cette discipline."

Artémidore n'avait pas fait le *troisième choix* qui permet de replacer le phénomène onirique dans un processus vital plus global. Mais il n'est pas le seul, tous les livres sur les rêves anciens ou modernes sont trop focalisés sur le contenu des rêves et manquent d'ouverture aux réalités qui permettraient de mieux comprendre le processus onirique. Dans l'ancienne Egypte comme l'écrit E. A. WALLIS-BUDGE, c'était aussi la divination qui intéressait les gens et les magiciens égyptiens avaient mis au point des formules magiques pour provoquer de tels rêves, telles celles retrouvées dans le Papyrus n° 122 du Bristish Museum, lignes 64 et suivantes et ligne 359 et suivantes. Voir: E. A. Wallis-Budge, "Dream magic of Ancient Egypt", 129-130, in Ralph L. Woods and Herbert B. Greenhouse, Editors, *The New World of Dreams*, New York, Macmillan Publishing Co, inc., second printing 1974.

[xiii] En ce sens *cf.* DOSSEY, Larry, *Reinventing Medicine: Beyond Mind-Body To A New Era Of Healing*, New York, Haper Collins, 1999, p. 80, sur le fait que le cerveau agit comme un filtre.

[xiv] *Cf.* SNOW Chet B., WAMBACH Helen, *op.cit.*, p. 64; et FERGUSON, Marilyn, *La révolution du cerveau*, Paris, J'ai Lu, 1973, Titre original: *The Brain Revolution*, p. 169.

[xv] Sur l'effet réducteur de l'esprit conscient tel qu'il transparaît à travers la pratique de l'hypnose voir: Chet B. SNOW, Helen WAMBACH, *Vision du futur de l'humanité*, *op. cit.*, p. 64.

[xvi] MOSS Robert, *Dreaming True*, *op. cit.*, p. xiii.

[xvii] Sur ce sujet voir: EGGAN Dorothy, "The Culture Shapes the Dream", p. 120-124, in Ralph L. Woods and Herbert B. Greenhouse, Editors, *The New World of Dreams*, New York, Macmillan Publishing Co, inc., second printing 1974.

[xviii] Par exemple: CHEVALIER Jean, GHEERBRANT Alain, *Dictionnaire des Symboles*, Laffont, Jupiter, collection Bouquins, Paris, 1982.

[xix] Expérience d'isolement déconseillée fortement aux personnes dépressives.

[xx] Question n° 1.

[xxi] Pour des exemples de rêves qui annoncent la mort ou préviennent d'un danger de mort voir: KELSEY Morton, *Dreams: A Way to Listen to God*, New York/Mahwah, Paulist Press, 1989, p. 13, p.44, p. 72, p. 74 et p.79. Voir aussi: Ralph L. Woods and Herbert B. Greenhouse, Editors, *The New World of Dreams*, New York, Macmillan Publishing Co, inc., second printing 1974, p. 132.

[xxii] Pour un exemple fameux qui a changé le cours de notre histoire, *cf.* DEE Nerys, *Your Dreams and what They Mean*, London and San Francisco,Thorsons, 1984, p. 28.

[xxiii] GALEN, *On diagnosis from dreams*, Traduction par S. T. OBERHELMAN, J. Histoire médicale 38, 1983, p. 36-47; HIPPOCRATE, *Du Régime*, traduction par R. JOLY, Paris Belles Lettres, 1967.

[xxiv] Mais aussi de trains pour certaines personnes.

[xxv] DESCARTES, *Discours de la Méthode*, Paris, Edition Garnier Flammarion, 1996, p 208. Voir sur la vie de DESCARTES, RODIS-LEWIS Geneviève, *DESCARTES: biographie*, Paris, Calmann-Lévy, 1995.

[xxvi] Ceci a été aussi observé par Robert MOSS dans *Dreamsgate, op. cit.*, p. 303.

[xxvii] DELANEY Gale, *All About Dreams, Everything You Need to Know About Why We Have Them, What They Mean, and How To Put Them to Work for You,* New York, HarperCollins, HarperSanfrancisco, 1988, p. 104 et ss.

[xxviii] DELANEY Gale, *op. cit.*, p. 79.

[xxix] MOSS Robert, *Dreamsgate*, *op. cit.*, p. 216.

[xxx] Pour des exemples cités par un médecin américain contemporain voir: DOSSEY, Larry, *Reinventing Medicine: Beyond Mind-Body To A New Era Of Healing*, New York, Haper Collins, 1999, p. 123.

[xxxi] Ne rejetez pas les rêves qui vous montrent vos défauts, car si tel est le cas c'est que vous être prêts pour y remédier. Ce sont donc des rêves positifs d'encouragement à vous améliorer. Aucune personnalité n'est figée pour l'existence, nous sommes tous capables de transformation.

[xxxii] Cette expérience est déconseillée aux personnes dépressives.

[xxxiii] Docteur BACH, sur les remèdes floraux voir note n° 81.

[xxxiv] ALLENDE Isabel, *Paula*, *op.cit.*, p. 153. Voir aussi Robert MOSS, *Dreaming True*, *op. cit.*, p. 93 sur le fait que les rêves de personnes différentes peuvent se mélanger.

[xxxv] Exemple de Robert MOSS, *Dreamsgate*, *op. cit.*, p. 303.

[xxxvi] Voir les exemples de Soho et Greenwich Village à New York, METZGER Christine, *New York*, Cologne, Könemann, 2001, p. 243.

[xxxvii] Ce qui n'est pas toujours très agréable lorsque nous sommes en contacts avec certaines personnes.

[xxxviii] BERBEROVA Nina, *C'est moi qui souligne*, traduit du Russe par Anne and René MISSLIN, Paris, J'ai lu, p. 447.

[xxxix] Voir par exemple, le Papyrus d'HUNEFER, British Museum, 9901/3.

[xl] Cette remarque a aussi été faite par d'autres auteurs voir par exemple: Robert MOSS, *Dreaming True, How to Dream Your Future and Change Your Life for the Bette*r, New York, Pocket Books, September 2000, p. 29 et p. 189.

[xli] *Cf.* note n° 26.

[xlii] ALLENDE Isabel, *Paula, op.cit.*, p. 158. Voir aussi sur les rêves d'annonces de naissances: MALINOWSKI Bronislaw, "The dream is the Cause of the Wish", p.118-119: "Another class of typical dream is concerned with the birth of babies. In these the future mother has a sort of dream annunciation from one of her dead relatives.", in Ralph L. Woods and Herbert B. Greenhouse, Editors, *The New World of Dreams*, New York, Macmillan Publishing Co, inc., second printing 1974, p. 119.

[xliii] Voir dans les questions-réponses la section cauchemars d'origine psychologique.

[xliv] Les yogis bouddhistes ont observé que si vous avez une tension alors que vous dormez profondément, cette tension tend à se manifester dans le rêve et à induire des rêves karmiques. Voir à ce sujet: NORBU NamKhai, *Le Yoga du Rêve*, Paris, J.L. Accarias, 1993,op. cit., p. 52-54.

[xlv] Le docteur BACH est un médecin anglais qui a inventé des remèdes pour équilibrer les émotions et a développé en avance sur son temps une philosophie de la médecine qui tient en compte le rôle des émotions dans la formation des maladies. En Angleterre on trouve un peu partout en vente dans les drugstores, les pharmacies et même les aéroports les remèdes de BACH. En France et aux Etats-Unis, on

les trouve dans des magasins de produits diététiques et on peut aussi les acheter par correspondance. Un des remèdes les plus intéressants est le "Rescue Remedy" qui aide à surmonter les chocs physiques et psychologiques. Voir aussi note n°65.

[xlvi] Les adeptes du rêve lucide proposent de prendre directement dans le rêve les mesures adéquates qui s'imposent: contrer les adversaires, changer le cours d'un rêve désagréable etc.... Pour plus de précisions reportez-vous à la section "Réponses aux questions courantes" en fin de volume concernant le rêve lucide.

[xlvii] Sur le sujet *cf.* Cicéron, *De divinatione*, II, LXIX, 142, Hippocrate: *Régime IV*. Voir aussi à propos de Galien, médecin grec, MOSS Robert, *Dreaming True*, *op. cit.*, p. 157

[xlviii] Mais si nous y croyons cela fonctionne aussi très bien.

[xlix] Marc Ian BARASCH, *Healing Dreams, Exploring The Dreams That can Transform Your Life*, New York, Riverhead Books, 2000.

[l] Sur les médicaments qui suppriment le rêve et sur les effets de diverses drogues, de l'alcool, ou du café sur l'activité onirique voir: Ralph L. Woods and Herbert B. Greenhouse, Editors, *The New World of Dreams, New York*, Macmillan Publishing Co, inc., second printing 1974, p.238 et p. 390.

[li] Voir par exemple, le cycle de conférences qui ont eu lieu à L'Académie des Sciences Morales et Politiques en France, sur le Processus mental de la création scientifique et reportées dans la: *Revue des Sciences Morales et Politiques*, Paris, 1987, *cf.* les

discours notamment de Jean BERNARD, Jean-Claude PECKER, Laurent SCHWARTZ, François JACOB, Jean HAMBURGER.

[lii] Voir le livre de DOSSEY, Larry, *Reinventing Medicine: Beyond Mind-Body To A New Era Of Healing*, New York, Harper Collins, 1999. Cet ouvrage écrit par un médecin relate toutes les expériences faites dans le domaine “para-normal” aux Etats-Unis parfois dans des institutions renommées telle l’Université de Harvard. Voir particulièrement p. 53 note 21, p. 37 et p. 47. Voir aussi sur les groupes de prières d’aide à la guérison aux Etats Unis, p. 48. Voir aussi: The Archives of Scientists’ Transcendental Experiences (TASTE) cité par l’auteur, c’est un journal électronique les expériences “paranormales” de scientifiques: http://psychology.ucdavis.edu/tart/taste ou http://www.issc-taste.org. Ce journal a été créé par Charles T. TART, professeur de l’Université de Californie, Davis.

[liii] Bien que certaines personnes affirment être capables d’entendre des messages verbaux de façon très claire. Il s’agit là plutôt de clairaudience. Ce qui n’est pas facilement accessible à tous.

[liv] Sur les facultés télépathiques en état d’hypnose voir. SNOW Chet B., WAMBACH Helen, *op. cit.*, p. 66 et p. 67: “Helen pensait que Les preuves amassées dans ses ateliers -qui démontraient que sous hypnose la moitié au moins de ses sujets pouvait capter télépathiquement des pensées et des sentiments -, représentaient l’une des plus grandes découvertes de toute sa carrière de chercheur.” Ce livre a été écrit par

deux psychologues américains qui ont décidé d'étudier le futur à travers l'hypnose. Pour cela ils ont mis sous hypnose 2500 personnes, essentiellement américaines.

[lv] La télépathie dans l'état de rêve a été testée avec succès au laboratoire de Maimonide à New York (Division of Paraspsychology and Psychophysics of Maimonides Medical Center in Brooklin, New York). Sur ces expériences voir: Ralph L. Woods and Herbert B. Greenhouse, Editors, *The New World of Dreams*, New York, Macmillan Publishing Co, inc., second printing 1974, p. 273 et ss et p. 405 et ss. sur le transfert télépathique d'images. Aux Etats-Unis beaucoup d'autres laboratoires universitaires ont fait des recherches sur les phénomènes para-normaux pendant le rêve et la veille. Larry DOSSEY cite toutes les recherches entreprises dans ce domaine aux Etats-Unis, Larry DOSSEY, *op. cit. passim.*

[lvi] Voir le témoignage d'Isabel ALLENDE, par rapport à sa grand-mère qui avait de nombreux "dons" tels: lire les pensées d'autrui et parler aux animaux. ALLENDE Isabel, *Paula*, Paris, Fayard, 1995 pour la traduction française, Titre original Paula, édité par Plaza & Janès Editores, S.A., Barcelone, p. 12.

[lvii] GREENE David, *Your Incredible Cat: Understanding the Secret Powers of Your Pet*, Budget Book services, Incorporated, 1995; STEIGER, Brad, *Cats incredible!: true stories of fantastic feline feats*, New York, N.Y, Plume, 1994; Brad STEIGER and Sherry Hansen STEIGER, *Strange Powers of Pets*, New York, DIF, Donald I.

Fince, 1992. Voir aussi les références citées par L. DOSSEY, *op. cit.*: D. BARDENS, *Psychic Animals* New York, Barnes and Nobles, 1996; Rupert SHELDRAKE and P. SMART, "Psychic Pets: A Survey in North-West England," Society for Psychical Research 61, 1997; Bill SCHUL, *The Psychic Power of Animals*, New York: Fawcett, 1977.

[lviii] HIBY Lydia with WEINTRAUB S. Bonnie, *Conversations with Animals*, Troutdale, OR, NewSage Press, 1998, p.4 et p. 158.

[lix] Chet B. SNOW, Helen WAMBACH, *Vision du futur de l'humanité*, *op. cit.*, p. 66.

[lx] HIBY Lydia with WEINTRAUB S. Bonnie, *Conversations with Animals*, Troutdale, OR, NewSage Press, 1998, p. 5 et p. 158.

[lxi] Et qui n'utilisent pas de médicaments qui entravent la faculté de rêver.

[lxii] Voir: NORBU, NamKhai, *Le Yoga du Rêve*, *op. cit.*, p. 75.

[lxiii] DEVEREUX Paul and DEVEREUX Charla, *The Lucid Dreaming Book, How to awake within, control and use your dreams*, Boston, Tokio, Journey Editions, 1998.

[lxiv] SALVATGE Geneviève, *Décodez vos rêves*, Paris, Presses Pocket, 1992, p. 20-21 and 34-35.

[lxv] Laboratoires DEVA, P.P. 3, 38880 Autran; Dr Edward BACH Centre Mount Vernon, Wallingford, Oxon OX10-OPZ. Aux Etats-Unis, les fleurs de BACH peuvent s'acheter dans des magasins diététiques. En Grande Bretagne ils sont très faciles à trouver, dans les drogueries, les pharmacies et même

dans certains aéroports. En France, vous pouvez les trouver dans des magasins de produits diététiques et ils sont aussi vendus dans des boutiques spécialisées comme Anthyllide, www.anthyllide.com.

[lxvi] GARFIELD Patricia L., *La créativité onirique, Du rêve ordinaire au rêve lucide*, (titre original: *Creative Dreaming*), Paris, J'ai Lu, 1974, p. 200.

[lxvii] ANCELIN SCHÜTZENBERGER Anne, *Aïe mes aïeux!*, Paris, Desclée de Brouwer, 1999, p. 15.

[lxviii] ANCELIN SCHÜTZENBERGER Anne, *op. ci.*, p. 64.

[lxix] Voir en ce sens Robert MOSS, *Dreaming True*, *op. cit.*, p. 253.

[lxx] Voir Ralph L. Woods and Herbert B. Greenhouse, Editors, *The New World of Dreams*, New York, Macmillan Publishing Co, inc., second printing 1974, p. 154.

[lxxi] Ibid, *The New World of Dreams*, p.117.

[lxxii] *Cf.* p. 38, sur la technique de l'interview de Gale DELANAY.

[lxxiii] MOSS Robert, *Dreamsgate, op. cit.*, p. 42.

[lxxiv] Par exemple: CHEVALIER Jean, GHEERBRANT Alain, *Dictionnaire des Symboles*, Laffont, Jupiter, collection Bouquins, Paris, 1982.

[lxxv] Sur les relations entre les personnes pendant l'état de rêve, voir: DOSSEY, Larry, *Reinventing Medicine: Beyond Mind-Body To A New Era Of Healing*, New York, Haper Collins, 1999, p. 97.

[lxxvi] NORBU, NamKhai, *Le Yoga du Rêve*, *op. cit.*, p. 39 de l'introduction et p. 70.

[lxxvii] DELANEY Gale, *All About Dreams, op. cit.*, 1988, p. 219.

Autres ouvrages publiés par Buenos Books International

Poésie de la Vie, d'Eva Lavie

La solution anti-stress, Etre soi dans l'instant présent, de Celeste Onorati, traduction Eva Lavie

Le mystère de Maat, Déesse de la Justice de l'Ancienne Egypte, Anna Mancini

L'obsolescence du droit d'auteur et de sa philosophie, Anna Mancini

Le long voyage de l'amour, Un roman sur la transmutation de l'Eros, de Lydia Bisanti

L'oracle, Pièce de théâtre inspirée de la tragédie grecque, Stamatios Tzitzis

Comment mieux comprendre les anciennes civilisations, Anna Mancini

L'intelligence des rêves, Anna Mancini

www.ingramcontent.com/pod-product-compliance
Lightning Source LLC
LaVergne TN
LVHW091012080826
845145LV00003B/1234

* 9 7 8 2 3 6 6 7 0 0 1 3 8 *